Martin Büsser

Popmusik

Inhalt

Von Blues bis Drum'n'Bass

Wer heute einen der großen CD-Läden betritt, ist nicht selten irritiert von der Menge und Vielfalt des Angebots. Nur noch Insider behalten den Überblick bei den verschiedenen Stilen und Interpreten, die zur Zeit im Handel sind.

Auf der Suche

Monatlich wirft die Musikindustrie tausende von Neuerscheinungen auf den Markt. Die Neunziger sind das Jahrzehnt, in dem noch einmal der gesamte Bestand an Tonträgern der letzten vierzig Jahre auf CD gepresst wurde. Rock'n'Roll-Klassiker stehen neben Wiederveröffentlichungen obskurer Psychedelic-Platten und verschollen geglaubte *John Lennon*-Aufnahmen sind direkt gegenüber der umfangreichen Drum'n'Bass-Abteilung zu finden. Popgeschichte ist zum Labyrinth geworden.

Das vorliegende Buch will zeigen, dass die verzweigten Pfade der Musikstile verständlicher werden, sobald man ihre Entwicklung verfolgt. Popmusik ist aus dem zeitlichen Kontext heraus verstehbar und wie jede Kunstform wird sie von ihrem lokalen und sozialen Umfeld beeinflusst.

Der Weg zurück

Die aktuelle Popmusik ist geprägt von Bezügen auf die eigene Geschichte. Die Elektronik-Gruppe *Kraftwerk*, Vorläufer des Techno, gehört zum Beispiel zu beliebten Vorbildern. Über Samples, der Verarbeitung der Musik von *Kraftwerk*, wird in der Techno-Szene an deren Pioniergeist assoziativ erinnert. Die Musik von *Kraftwerk* entspricht zweifelsohne dem Zeitgeschmack, ihre Ideen von 1972 aber heutzutage zu kopieren, wäre ein einfaches Plagiat. Popgeschichte kann zitiert, nicht aber wiederholt wer-

den. Das hat Pop mit allen anderen Künsten gemeinsam. So wie es keinen zweiten *Andy Warhol* mehr gibt, wohl aber gut gemachte Warhol-Zitate, wird auch im Pop alles unwiederholbar für den Ausdruck einer bestimmten Epoche stehen. Dies bedeutet natürlich nicht, dass die Musik der *Beatles* inzwischen veraltet ist. Sobald aber heute die *Beatles* in Form von einfachen Revivals auftauchen, wird damit nichts anderes als eine Nostalgie bedient.

Jenseits der Hitparaden

Will man die Beliebigkeit, mit der inzwischen alles neu verwertet und des historischen Kontextes beraubt worden ist, nicht einfach hinnehmen, ist es notwendig, eine Geschichte nachzuzeichnen, die anderes beinhaltet als die Aufzählung von ein paar netten Melodien und Goldenen Schallplatten; mehr als die stets neu abrufbare, zum Recycling freigegebene Oberfläche, die es möglich macht, mit Rap-Versionen von alten *Elvis-* und *Bob Marley*-Songs in die Charts zu kommen.

»Wer würde es heute noch wagen, in den In-Zirkeln nichts über die Fugs zu wissen? Wo früher einmal Klaviere standen, behauptet Leonard Bernstein, lehnen neuerdings meist Gitarren an der Wand.«

Jost Hermand:
Pop international.
Frankfurt a.M. 1971

Mit dieser ›anderen‹ Popgeschichte, um die es hier gehen soll, ist eine kurze Darstellung der verschiedenen Lebensentwürfe gemeint, eine Geschichte der Hoffnungen, Sehnsüchte und Abgrenzungen, anhand derer sich bereits vier Generationen von Musikern und Publikum über Pop definiert haben.

Wenn man der Spur der Popmusik folgt und sich die Frage stellt, welche gesellschaftliche Bedeutung sie zur jeweiligen Zeit gehabt hat, werden die CD-Regale ihre Unübersichtlichkeit verlieren und mit Leben gefüllt.

Eine Welt aus Stilen, Moden und Lebenskonzepten

Wird klassische Musik zu Pop, sobald sie sich millionenfach verkauft? Sind elektronische Tüftler, die ein paar hundert CD's verkaufen, Popmusiker oder nur verhinderte Avantgarde-Komponisten?

Was ist Pop?

Benutzt man Pop als bloße Abkürzung für ›populär‹, wären der Geiger *Nigel Kennedy* und Volksmusiker wie die *Wildecker Herzbuben* in der Abteilung Pop zu finden, nicht aber obskure Independent-Bands, die nur einem Kreis von Insidern bekannt sind. Seit den siebziger Jahren wird der Begriff Popmusik – in Abgrenzung zu Rock – dafür verwendet, besonders seichte, kommerzielle Musik zu bezeichnen. Nach dieser Definition zählen also *Abba* und die *Backstreet Boys* zum Pop, nicht aber die *Doors* und *Nirvana*. Allerdings sind diese zwei Gruppen ungeheuer populär und kommerziell erfolgreich gewesen, obwohl sie keine gefällige Unterhaltungsmusik gespielt haben. Der Begriff Popmusik muss demnach, gebraucht man ihn als Abgrenzung gegenüber so verschiedenen Phänomenen wie *Johann Sebastian Bach*, *Gustav Mahler*, *Howard Carpendale* und den *Fischer Chören*, etwas anderes bedeuten als ›populär‹ oder ›seicht‹ bzw. ›kommerziell‹.

In der Herkunft des Wortes Pop aus dem Englischen – »Stoß«, »Knall« – steckt sehr viel mehr, weshalb das »Brockhaus-Riemann Musiklexikon« bereits 1979 darauf verzichtet hat, Popmusik mit der Bedeutung ›populär‹ gleichzusetzen. Eine solche begriffliche Eingrenzung trifft zwar auf einige Popgruppen zu, fasst aber nicht die gesamte Bedeutung eines Wortes, bei dem es nicht alleine um Popularität, sondern auch um Provokation geht.

»Wie bei der Kunstform Pop Art, deren weltweite Verbreitung um 1962 zur Verwendung des Begriffs Pop führte, ist die Ableitung von *pop* als Abkürzung von *populär* zur Bedeutungserklärung unzureichend, da der onomatopoetische Eigenwert dieser Silbe mit jenem schillernden Bedeutungsspielraum zwischen Protest, Scherz, Kunstanspruch, extravagantem Konsum usw. dabei verloren geht.«

Brockhaus-Riemann Musiklexikon. Hrsg. von C. Dahlhaus und H.H. Eggebrecht, 1978

Die Formen des Pop

Der Begriff Pop wird hier als ein Überbegriff gewählt und bezeichnet all die Musikformen, die weder dem Bereich der klassischen und so genannten ernsten Musik (E-Musik) noch dem Jazz und dem Schlager angehören.

Natürlich gab es in der Popgeschichte immer wieder stilistische Überschneidungen: Bands wie *Yes* und *Emerson, Lake & Palmer* benutzten zahlreiche Themen aus dem Repertoire der klassischen Musik, sehr viele Popmusiker haben Jazz-Elemente verarbeitet, so wie sich auch Jazzmusiker (berühmtestes Beispiel ist *Miles Davis*) vom Pop inspirieren ließen. Und sehr viele Popsongs sind so seicht, dass sie sich vom Schlager kaum mehr unterscheiden. Diese Vielfalt charakterisiert Popmusik. Sie ist immer hybride gewesen, das heißt, sie hat sich stets der verschiedenen Stile bedient, sie vermischt und unbekümmert verarbeitet. Es gibt Bands wie *Can* und *Sonic Youth*, die sich am Freejazz und an der E-Musik-Tradition von *Karlheinz Stockhausen* und *Steve Reich* orientiert haben, andere, Gruppen wie die *Walker Brothers* und *ABC*, zogen ihre Einflüsse eher aus dem Schlager oder aus so genannten Easy-Listening-Stücken. Völlig konfus (und damit poptypisch unberechenbar) wird es schließlich, wenn sich Bands wie *Talk Talk*, *Stereolab* und *Tortoise* oder einzelne Musiker wie *John Zorn* und *Jim O'Rourke* sowohl auf die Avantgarde und den Freejazz wie auch auf den Schlager und die gefällige Gebrauchsmusik beziehen. Genau diese Momente sind es, während derer Popmusik spannend,

»Pop ist Dreh- und Angelpunkt eines alternativen Lebensgefühls und einer eigenen Welterfahrung – aber nicht auf Dauer. Pop ist keine Ideologie, denn wie viele haben in ihrer Jugend Popmusik gehört und sind dann Bankdirektoren und Staatssekretäre geworden.«

Paolo Bianchi: Art & Pop & Crossover. In: Kunstforum International, Bd. 134: Art & Pop & Crossover. Ruppichteroth 1996

Stile und Moden der Subkultur. Seit Jahrzehnten Thema von Musikjournalisten.

Abb. links: Rowohlt 1983
Abb. rechts:
Rogner & Bernhard 1998

»Die Demokratisierung des Ausdrucks und das Ende des akademischen Zugangs zur Kunst macht Popmusik potentiell zur Volkskunst. Es ist sicher kein Zufall, dass die größten Popmusiker – Elvis, die Beatles und Madonna – alle aus den unteren Dritteln der Gesellschaft kamen.«

Ulf Poschardt: Welcome in the Realworld. In: Kunstforum International, Bd. 134: Art & Pop & Crossover. Ruppichteroth 1996

unberechenbar und mehrdeutig wird. Es entsteht ein musikalisch lebendiges und nicht einteilbares Feld, das weder etablierte und subventionierte Hochkultur noch Schlager und easy Geschunkel sein will. Denn Popmusik beinhaltet beides: Die Sentimentalität des Schlagers wie auch den Kunstanspruch ernster Musik. Pop ist so im besten Sinne die Volksmusik des ausgehenden zwanzigsten Jahrhunderts.

Die Vorläufer: Pop Art und die Folgen

Zum ersten Mal taucht die Bezeichnung Pop nicht in der Musik, sondern in der Bildenden Kunst auf. 1954 führte ein Kritiker den Begriff ein und meinte damit Künstler wie *Richard Hamilton, Jasper Johns* und *Robert Rauschenberg*. Die Pop Art wandte sich von der abstrakten Malerei ab und erhob den Alltag zum Gegenstand ihrer Arbeit. Dieses Konzept gilt nach wie vor auch für die Popmusik. Sie versteht sich nicht als elitäre Kunst, sondern als populäre Alltagskultur. Pop Art wirkte provozierend, da sie die Suppendose zum neuen Gegenstand der Kunst erhob und damit die meditativ verinnerlichte Malerei ablöste. Ähnlich provozierend äußerte sich die Popmusik in ihren Anfängen. Gegenüber der hochkulturellen Kunstmusik war sie extrem körperbetont. Deshalb wurde bereits in den fünfziger Jahren auf bestuhlte Rock'n'Roll-Konzerte verzichtet. Popmusik war also immer mehr als beschauliche Erbauung, es ging um den Reiz aller Sinne. Dies ist auch heute noch der kleinste gemeinsame Nen-

Die Verpackung muss der Zielgruppe angepasst sein.

Abb. links:
Kunstforum 1996
Abb. rechts:
Schutzumschlag (!) für einen Titel der Edition Suhrkamp, 1987

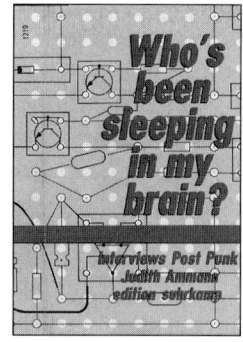

ner, der für Hard Rock ebenso wie für Funk, für Punk ebenso wie für Technohouse gilt.

Pop, eine authentische Straßenkultur?

Lange Zeit hielt sich der Mythos, dass es sich bei Pop um die ›ehrlichere‹ und somit ›authentischere‹ Kultur handelt, um eine Kulturform, die von der Straße kommt und vom Leben erzählt. Im Gegensatz zur E-Musik behandelt Pop alltägliche Themen wie Drogen, Kriminalität, Liebe, Lust und Einsamkeit aus meist direkter, nicht künstlerisch verschlüsselter Sichtweise. Zum anderen lebt Popkultur sehr stark von Stilen und über Kleidung, Sprache und Gesten ausgedrückten Codes. Diese Zeichen- und Bilderwelten sind nicht wirklich authentisch, sondern bewusste Inszenierungen. Der Glamrock von Gruppen wie *Roxy Music* und *T. Rex*, die New-Wave-Kälte der ›Roboter‹-Band *Devo* und auch der von den *Sex Pistols* veranstaltete »Great Rock'n'Roll Swindle« haben darauf hingewiesen, dass Pop vorwiegend ein Spektakel ist, das sich seiner eigenen Kunsthaftigkeit voll und ganz bewusst bleibt. Und doch beinhaltet dieses große Schauspiel auch einen Mehrwert, der über die bloße Inszenierung und die Ware, die damit verkauft werden soll, hinausweist. Der »Schwindel«, den die *Sex Pistols* zum Beispiel mit ihrer aggressiven Musik anzettelten, politisierte immerhin viele ihrer Fans. Punk griff in den Lebensalltag seiner Hörer ein und wurde zur Musik der rebellischen Jugend in den ausgehenden siebziger Jahren.

»Pop an sich ist für mich immer erstrebenswert als eine Distanz zur Hochkultur, wenn auch Pop inzwischen in gewissem Sinne ebenfalls Hochkultur geworden ist. Dennoch kann Pop immer noch sehr schnell reagieren, kann sich also partisanisch ganz bestimmten Dingen verweigern, einiges nur Eingeweihten lesbar machen.«

Thomas Meinecke im Gespräch mit dem Autor

Pop ist ein Spektakel und keine authentische Sprache. Es handelt sich bei Pop nicht um die ›ehrlichere‹ Kultur, obwohl Pop in Sachen Mode, Sprache und Gestik immer wieder Vorbild war, sich von bestehenden gesellschaftlichen Normen abzugrenzen.

Vorläufer des Pop

Trotz verschiedener Vorläufer und Wurzeln wurde Pop-musik in dem Sinne, in dem wir noch heute von ihr sprechen, als soziales und musikalisches Phänomen erst mit dem Rock'n'Roll geboren.

Brecht, Swing und die »Negermusik«

»Kurt Weill und Hanns Eisler vertonten Texte über betrogene Frauen, Arbeitslosigkeit und Krieg in aufrüttelnder, gleichermaßen drama-tischer Form. So ent-standen Songs, die Geschichten erzählten und atemlos vom De-klamatorischen ins Lyri-sche, vom Kühlen ins Schwungvolle verfallen konnten.«

Robin Denselow: The Beat goes on. Popmusik und Politik. Geschichte einer Hoffnung. Reinbek 1991

The Treniers
im Film »Don't Knock
The Rock«

Bereits im Barock gab es Unterhaltungsmusik, jedoch nicht in Form einer Massenkultur, sondern als Vergnü-gen des Hofes. Im neunzehnten Jahrhundert wurden einige Opernsänger ähnlich euphorisch wie heute *Michael Jackson* und *Madonna* gefeiert; vieles vom Geniekult dieser Zeit, wie er etwa dem Geiger *Paganini* entgegen-gebracht wurde, lebt noch immer fort im Starsystem der Popmusik.

Den Ursprung des Pop könnte man auch in den zwanziger Jahren des letzten Jahrhunderts ansetzen. Die berühmtesten Vertreter dieser Zeit dürften *Bert Brecht* und der Komponist *Kurt Weill* sein, deren Lieder von Popmusikern wie *Lou Reed*, *David Bowie* und *Sting* immer wieder interpretiert worden sind.

Oder sollte man die Popgeschichte mit der Swing-Ära um 1930 beginnen lassen? Immerhin bildete der Swing mit seiner eigenen europäischen Form des Jazz einen neuen musika-lischen Stil heraus. Mit dem Swing entstand zudem eine eigene Mode und ein subkulturelles Zusammen-gehörigkeitsgefühl, das Konservati-ven und Rechten ein Dorn im Auge und unter den Nationalsozialisten als »Negermusik« verboten war.

Die rassistischen Vorurteile ge-genüber Jazz und Blues hielten sich auch nach 1945. Als in den fünfziger Jahren in den USA der Rock'n'Roll aufkam, verteilte zum Beispiel die Bürgerinitiative »Citizen's Council of Greater New Orleans« den Aufruf: »Lassen Sie Ihre Kinder keine Negerschallplatten kaufen und anhören.«

Fast alle grundlegenden Eigenschaften des Pop, seine internationale Wirkung, der über die Musik ausgelöste Generationskonflikt, die Durchdringung schwarzer und weißer Musikelemente, die so genannte Wildheit und Körperbetontheit, finden sich zwar bereits im Swing, kamen aber erst über den Rock'n'Roll voll zum Tragen. Im Rock'n'Roll ist die Musik zur eigenen Ausdrucksform einer jungen Generation geworden.

Hen Gates And His Gaters
Let's Go Dancing To Rock And Roll
Masterseal, 1957

Rock Me!

Rock'n'Roll ist nicht tot. Immer wieder beziehen sich Bands auf die Ursprünge, auf den einfachen, ›reinen‹ Beat und Songaufbau des Rock'n'Roll. So zyklisch er wieder entdeckt und neu aufgespielt wird, so fragwürdig ist dabei der Mythos, der stets um Rock'n'Roll entfacht wird. Der Rock'n'Roll selbst ist nämlich bereits eine stilistische Mischform gewesen, eine Synthese aus Rhythm & Blues, Soul und Country Music. Aus heutiger Sicht mag der Rock'n'Roll von seiner musikalischen Struktur her simpel wirken, doch er griff bereits das gesamte musikalische Spektrum populärer Musik in den frühen fünfziger Jahren auf. Diese Zeit war geprägt von rühriger und gefälliger Musik, die sich ausschließlich an Erwachsene richtete und die das Programm der Radiosender in den USA beherrschte – die Musik von *Frank Sinatra*, *Pat Boone* und *Doris Day*. Im Süden der USA hatte die Country Music einen großen Markt. Und es gab den Rhythm & Blues von Musikern wie *Fats Domino* und *Bo Diddley*. Der Rhythm & Blues war rau, unsentimental – und er wurde als schwarze Musik von vielen Radiostationen boykottiert. Erst über Coverversionen von weißen Interpreten, etwa *Pat Boones* Version von *Fats Dominos* »Ain't That A Shame«, wurden 1955 die Hits des Rhythm & Blues für ein größeres weißes Publikum hoffähig.

»Wahrscheinlich hätte diese neue Musik noch länger ein Schattendasein geführt, wenn nicht der Baby-Boom nach dem Zweiten Weltkrieg, die Entwicklung von Satellitenstädten und der zunehmende Wohlstand eine neue Klasse von Konsumenten begünstigt hätte – die amerikanischen Teenager.«

Robert Palmer: Rock'n'Roll. Die Chronik einer Kulturrevolution. St. Andrä-Wördern 1997

Vor diesem rassistischen Hintergrund der amerikanischen Gesellschaft entstand der Rock'n'Roll. Es war der
Discjockey *Alan Freed*, der 1951 in der Cleveland Arena
Konzerte mit weißen und schwarzen Bands unter der Bezeichnung Rock'n'Roll veranstaltete. Der Begriff stellte
für *Freed* das Verbindende zwischen den Stilen dar. Als
Mischung aus »schwarzem Beat und der weißen Sentimentalität«, wie es der Journalist *Nik Cohn* beschreibt,
schaffte es der Rock'n'Roll, eine ganze Generation von
Teenagern zu faszinieren. Die Aggressivität und der
sexuelle Subtext dieser Musik verband die schwarze und
weiße Jugend, gleichzeitig war sie Trennungslinie zwischen Eltern und ihren zu Teenagern herangewachsenen
Kindern.

Elvis kommt

Rock'n'Roll gab den Teens der Fünfziger wie keiner
jugendlichen Generation zuvor eine eigene Kultur, die
den Erwachsenen verborgen blieb. Es ist allerdings vielsagend, dass es einem Weißen, nämlich *Elvis Presley*,
vergönnt gewesen ist, diese ursprünglich schwarze
Musik zu verkörpern und als Ikone weltweit zu verbrei-
ten. Der neu zu erobernde Markt, die Käuferschicht weißer Teenager, benötigte ein entsprechendes Sexidol.
Schwarze ließen sich als wilde, unbeherrschte Gestalten
und obskure Witzbolde verkaufen, wie es zum Beispiel
Screaming Jay Hawkins einer war, nicht aber als Poster-
motiv für die Jugendzimmer der weißen Mittelklasse.

Am Rock'n'Roll zeigte sich zugleich ein anderer
Grundwiderspruch in den Anfängen der Popkultur. Einerseits galt Rock'n'Roll als sexualisierte, aufmüpfige
und damit tendenziell jugendgefährden-
de Bewegung, zum anderen waren es die
Erwachsenen selbst, die Bosse der Film-
und Plattenindustrie, die dieses Image
überhaupt erst geschaffen hatten. Mit
Marlon Brando und *James Dean* wurden
regelrechte Rebellen-Idole kreiert, die
nicht nur für die Einführung von T-Shirt

und Jeans als Jugendmode, sondern auch für Randale und Kriminalität standen. Der 1955 erschienene Film »Saat der Gewalt« benutzte »Rock Around The Clock« von Bill Haley als Titelsong und zog so einen direkten Zusammenhang zwischen der im Film thematisierten Gewalt und der Musik des Rock'n'Roll. Rebellen waren eben medienwirksamer als Primaner, die brav ihre Schulaufgaben erledigten und keine größere Sorge als ihre Pickel hatten.

Bo Diddley
Bo Diddley
Chess, 1958

Im Vergleich zu seinem Image sind die Texte des Rock'n'Roll erstaunlich zahm gewesen – mit der Ausnahme von *Chuck Berry* vielleicht, dessen Songs zaghaft gesellschaftliche Probleme behandelten. Es war dem musikalisch eher sanften Soul vorbehalten, Ungerechtigkeiten wie Rassismus, Armut und die sexuelle Unterdrückung der Frauen zu thematisieren. Daher wundert es nicht, dass das politischste Stück von *Elvis*, »In The Ghetto«, auf Soulstrukturen zurückgreift.

Der Rock'n'Roll verbreitete sich innerhalb kürzester Zeit weltweit. Gleichzeitig bildeten sich lokale Besonderheiten heraus. Während zum Beispiel in Jamaika mit Ska und Reggae ganz eigenständige Formen aus dem Rock'n'Roll heraus entstanden, hielten sich deutsche Rock'n'Roll-Musiker eher penibel an die amerikanischen Originale. Die Eindeutschung von Rock'n'Roll-Hits à la *Peter Kraus* sprühte dementsprechend nicht gerade vor Originalität.

»Im Nachhinein erscheint auch die Jugend der 50er Jahre lediglich als Vorreiter neuer Werte, die langsam von der ganzen Gesellschaft zunächst akzeptiert und dann übernommen werden. Heute gehört etwa Rock'n'Roll zum Standardprogramm jener Einrichtung, die als Schule des guten Benehmens und Anstandes gilt: der Tanzschule.«

Arne Andersen: Wege ins Nirvana. In: Kemper/Langhoff/Sonnenschein (Hg.): »...but I like it«. Jugendkultur und Popmusik. Stuttgart 1998

Der Rock'n'Roll prägte die Jugend der fünfziger Jahre. Laute Musik, flotte Tänze und schnelle Autos standen für ein neues Lebensgefühl. Gegenüber einer prüden Gesellschaft wurde Spaß eingeklagt.

Der Beat kommt

Aus dem Rock'n'Roll ging in den Sechzigern der Beat hervor. Auf Petticoat und Cadillac folgte ein roher Sound, der erstmals nicht nur schöne Mädchen und teure Autos besang, sondern auch das Elend, sich beides nicht leisten zu können, thematisierte.

Mersey Beat

»Das Auftauchen der Beatles markierte den Zeitpunkt, als die Nachkriegsboomer ihre Rechte einforderten. Die Gruppe drückte es damals so aus: ›Die Jugend ist auf unserer Seite, und die Jugend ist es, auf die es gerade ankommt.‹«

Hanif Kureishi und Jon Savage: Phänomen Pop. Versuch einer Geschichtsschreibung. In: Kunstforum 134. Ruppichteroth 1996

Die Musik der frühen Beatles wird Mersey Beat genannt, nach dem Fluss Mersey, der durch die englische Hafen- und Industriestadt Liverpool fließt. Wer sich dort als Band durchsetzen wollte, musste die Sprache der Fabrikhallen und Kneipen beherrschen. Die Beatles kamen mit diesem Slang zurecht – aber nicht nur sie. Rund um Liverpool existierten bereits zu Beginn der sechziger Jahre mehr als 300 Beat-Gruppen, die zum Teil, hört man sich beispielsweise die Searchers an, den Vergleich mit den Beatles nicht scheuen mussten. Der Grund für diese einzigartige Dichte: Nichts eignete sich neben dem Fußball in einer Stadt wie Liverpool so gut, den am Fließband angestauten Frust rauszulassen, wie die direkte Musik des Beat. Eine Musik, bei der es möglich war, zu jedem Akkord, also ›Schlag‹ – auf engl.: beat – mit dem Kopf zu wippen und die alltägliche Erniedrigung zu vergessen. Die Texte setzten genau jene Prioritäten, die sich alle wünschten, aber nicht öffentlich zu fordern trauten: Liebe, Sex und Freizeit statt Trübsal, Verklemmtheit und Lohnarbeit. »Eight Days A Week« von den Beatles fasste genau dieses Gefühl wie kein anderer Song zu jener Zeit in Worte.

Beatlemania

Die Beatles schafften es, treibende und zugleich mitsingbare Nummern zu produzieren. Ihr Erfolg hing

The Beatles
Foto: Günter Zint, 1966

aber vor allem von einer Verkettung besonders günstiger Umstände ab. Während die Liverpooler in Hamburg ihre Lehrjahre absolvierten, war es die Fotografin *Astrid Kirchherr*, die den Jungs zu neuen Frisuren riet. Eine scheinbare Nebensächlichkeit mit enormen Folgen. Die ›Pilzköpfe‹ hatten sicher einen größeren Einfluss auf die »Beatlemania«, also auf tausende von kreischenden und heulenden Fans, als die Musik selbst. In einer Zeit strenger und prüder Kleiderordnung, in der Männer Anzüge und Frauen lange Röcke zu tragen hatten, wurden Miniröcke, Lederhosen, Koteletten und bedeckte Ohren Etiketten für Bürgerschreck und jugendliche Begeisterung.

Die *Beatles* verstanden es, nicht zuletzt dank geschicktem Management, als smarte Teenie-Idole aufzutreten und zugleich einen rebellischen Gestus an den Tag zu legen. Das Gespann um den verträumten *Paul McCartney* und den launisch-aggressiven *John Lennon*, der für das Arbeiterklassen-Image sorgte, ergab eine einzigartige Mischung aus erster Boygroup, bei der die weiblichen Fans in Ohnmacht fielen, und einer Band, die sich zugleich als »böse Buben« zu verkaufen wusste. Die Bad-Boys-Attitüde sollte den *Beatles* jedoch bald von Gruppen wie den *Rolling Stones* und *The Who* streitig gemacht werden.

»Beat ist legalisierter Ur-Instinkt. Beatmusik – ja, akzeptiert – aber nur von den Beatles. Alles andere ist für mich der zweite Aufguss. Beatles als Klassiker – Möglich, man hat auch mal Brahms verlacht. Lange Haare? – Immer noch besser als Glatze.«

Bundesfinanzminister Franz-Josef Strauß 1967, zit. n.: Gerhard Augustin: Die Beat-Jahre. München 1987

Die *Beatles* sind bis zu ihrer Auflösung musikalisch stets auf der Höhe der Zeit geblieben. Elemente von Pop Art, Psychedelic und Hippie-Inhalte verpackten sie so populär, dass damit ein Massenpublikum angesprochen wurde. Die Liverpooler Gruppe hat aber nicht nur das ganze gegenkulturelle Spektrum der Sechziger begleitet, sondern es auch musikalisch repräsentiert. Zu Beginn des Jahrzehnts waren die Beatles das geeignete Sprachrohr für die Jugend aus der Arbeiterklasse, an dessen Ende wurde ihr »All You Need Is Love« zum Lebensgefühl der Hippie- und Anti-Vietnam-Bewegung. Ein Slogan, wie ihn keine andere Band so einfach und massenwirksam hätte formulieren können.

Die Gretchenfrage: Beatles oder Stones?

Stärker noch als die *Beatles* kamen die 1962 in London gegründeten *Rolling Stones* aus der Rhythm & Blues-Tradition. Während die *Beatles* in allen Varianten von »Love« sangen, nannten die *Stones* Sexualität mit »Satisfaction« beim Namen. Sie rebellierten dagegen, dass eine solche Befriedigung im zugeknöpften Königreich nicht zu haben war.

Konnten sich die Teenager noch in *Paul McCartney* als einen netten, romantischen Jungen verlieben, verkörperte *Mick Jagger* auf der Bühne die rohe, vulgäre Lust. Als erste sich perfekt inszenierende Skandalband verstanden es die *Rolling Stones*, das Publikum in zwei Lager zu teilen. Wer sich für die *Beatles* entschied, galt bereits Mitte der Sechziger als smarter Popper. Wer die *Stones* bevorzugte, stand auf die harte Rock-Schiene. Ähnlich wie *The Who*, die damit begonnen hatten, auf der Bühne ihre Instrumente zu zertrümmern, stellten die *Stones* in Texten, Musik und Bühnenauftritt die Themen Lust und Frust ganz offen zur Schau. Da für die *Stones* »Sex, Drugs & Rock'n'Roll« mehr bedeutete als das auf Händchenhalten hinauslaufende »Love Me Do« der *Beatles*, stiegen sie schnell zum Elternschreck Nummer Eins auf. *Mick*

Jagger & Co. nannten all das beim Namen, was bei den *Beatles* nur angedeutet wurde. Eine politische Band waren die *Stones* dadurch allerdings noch lange nicht. Aber sie führten das Lustprinzip in den Pop ein. *Mick Jaggers* Griff in den Schritt hatte ganz andere ›Qualitäten‹ als die schwingenden Hüften von *Elvis* und die paar Locken auf der Stirn der *Beatles*.

Die Polarisierung des Publikums, die Mitte der Sechziger zwischen den *Beatles* und *Stones* stattfand, ist mehr als nur ein Kräftemessen zwischen zwei Millionensellern gewesen. Als Frage nach der angemessenen Form von Pop hat sie dessen Geschichte so nachhaltig wie kein anderes Rivalen-Spiel beeinflusst.

Heute stehen die *Beatles* für Pop, die *Stones* dagegen für Rock. Wenn man allerdings bedenkt, wie nahe sich beide Bands in ihrer Anfangsphase standen, sind solche Einteilungen müßig und zeigen, wie stark das Image einer Band von dem abhängt, was Manager und Presse daraus machen.

Hard Rock, Heavy Metal und heutige Stadionbands wie *Prodigy* und *Pearl Jam* repräsentieren die Tradition der *Rolling Stones*. Die *Beatles*-Linie findet sich bis heute dort, wo Pop verspielt auftritt, bei Bands wie *Ween* und *Pulp* zum Beispiel, die Härte und »Street Credibility« immer ein wenig zurücknehmen.

The Liverpools Beatle Mania! In the U.S.A. Wyncote, o.J. Plattencover eines Low Budget Labels, das mit der Beat-Musik das große Geschäft in den USA machen wollte.

Beatles und Stones sind die Stellvertreter von provozierendem Pop in den Sechzigern gewesen. Dass den Beatles das königliche Verdienstkreuz bevorstand und nach den Rolling Stones ein VW der Mittelklasse benannt werden sollte, konnte damals noch niemand ahnen.

Pop goes Pop Art

Die Musik der ausgehenden sechziger Jahre stand ganz im Zeichen einer Auflösung der Form. Popmusik nahm die Experimente der künstlerischen Avantgarden von Pop Art, Fluxus und Happening auf und sorgte für deren Verbreitung.

Experiment Pop

The Velvet Underground
The Velvet Underground And Nico
Verve, 1967

In den Anfangstagen des Rock'n'Roll waren die Songs auf das kommerzielle, dem Radio angepassten Format von zwei bis drei Minuten Spielzeit ausgerichtet. Nun begann die Musik in Form und Inhalt auszuufern. Viele Bands experimentierten mit popfremden Instrumenten, Alltagsgeräusche wurden in die Musik integriert, die Rückkopplung der Gitarre war plötzlich genauso interessant wie die Akkorde. Die Popmusik hatte sich innerhalb kürzester Zeit von ihrem normierten Format gelöst und auch die Gestaltung der Plattencover veränderte sich. Nur noch in den seltensten Fällen wurden Musiker abgebildet, die Hüllen waren ebenso künstlerisch aufwendig gestaltet wie die musikalischen Studioexperimente selbst. Sogar Gruppen, die bislang als eher unauffällig unterhaltsam galten, entwickelten unerwartete Experimentierfreude. Mit »Smiley Smile« legten zum Beispiel die *Beach Boys* ein Album vor, das auch heute noch völlig bizarr und drogenumnebelt entrückt anmutet.

Erneut waren es die *Beatles*, die mit ihrem unbetitelten 68er Doppelalbum, das als »White Album« in die Geschichte einging, Akzente setzten. Die Platte lieferte einen stilistischen Querschnitt von Rock'n'Roll über Blues und mitsingbarem Pop bis zu krachigen Nummern wie »Helter Skelter«, Psychedelic-Stücken wie »Wild Honey Pie« und der verstörenden, fast zehnminütigen

»Wir stehen in Kleidung, Musik und Benehmen für Pop Art. Wir leben die Pop Art.«
Pete Townshend/The Who, zit. n.: Chris Charlesworth: The Who. Die illustrierte Biographie. Rastatt 1990

Klangcollage »Revolution 9«, die sich an den Musique-Concrète-Experimenten von Komponisten wie *John Cage* orientierte. Das völlig weiße, von Pop-Art-Künstler *Richard Hamilton* gestaltete Cover korrespondierte mit dem seltsamen Gesamteindruck, den diese Platte hinterließ. Die Supergroup des Pop schlechthin, die einstigen Teenie-Idole, hatten vorgeführt, dass Pop erwachsen geworden war. Popmusik wollte, ebenso wie die Pop Art, als eigenständige Kunstform ernst genommen werden.

»Wir sind anders«

Die Bezugnahme vieler Gruppen auf Pop Art, Fluxus und Happening bedeutete nicht bloße Kunst um der Kunst willen, sondern entsprang einem emanzipatorisch aufklärerischen Geist, der die damalige Zeit auch politisch bestimmte. Konnten *Elvis* und die frühen *Beatles* noch auf Spaß und Konsum reduziert werden, begann die Popmusik nun, ihren Spaß mit gesellschaftlicher Veränderung zu verknüpfen. Selbst dort, wo dies nicht eindeutig Einzug in die Songtexte fand, wurde über das Umfeld von Musikern und Publikum ein »Wir sind anders!« demonstriert.

So wie es in den ausgehenden Sechzigern bereits verschiedene Subkulturen gab, die Mods, Rocker und Hippies, fanden sich auch unzählige Ansätze, die neu eroberte Freiheit, die seit dem »Summer of Love« 1967 in der Luft lag, musikalisch zu verarbeiten. Aus Happening und politischem Straßentheater ging die schräge, politisierte Musik der *Fugs* hervor, andere, zum Beispiel *Bob Dylan* und *Country Joe McDonald*, nutzten den Folk als Plattform für politische Texte. Die Befreiung von der Tonalität, mit der kurz zuvor *Albert Ayler*, *John Coltrane* und *Ornette Coleman* den Freejazz eingeläutet hatten, hinterließ ihre Spuren, die sich bei den *Mothers Of Invention* und bei heute zum Teil vergessenen Bands wie *The Red Crayola*, *White Noise* und *The Silver Apples* nachhören lassen. Das New Yorker »ESP«-Label, eines der radikalsten Independent-Labels der sechziger Jahre, ist diesbezüglich wegweisend gewesen, da es die Gemeinsamkeit all

»Die Velvets oder die Stooges wurden mit Adjektiven wie dekadent, primitiv, deprimierend, negativ, ätzend, nihilistisch oder gar inkompetent belegt. ›Wer diese Band hört‹, meinte Cher, als die Velvets zum ersten Mal Los Angeles besuchten, ›braucht nicht mehr Selbstmord zu begehen‹.«

Robert Palmer: Rock'n'Roll. Die Chronik einer Kulturrevolution. St. Andrä-Wördern 1997

Factory, Herbst 1966
(v.l.n.r.): Lou Reed,
Sterling Morrison, Nico,
Maureen Tucker, John
Cale

dieser neuen Ansätze erkannte und unter einem Dach
vereinte. »Esperanto-Disk«, so der volle Labelname, ver-
öffentlichte Freejazz-Aufnahmen neben Polit-Folk, dilet-
tantischem Kiffer-Noise und Psychedelic Rock.

Ende der sechziger Jahre war die Popmusik bereits so
weit verzweigt, dass man in den Plattenläden das Interes-
santeste oft vergeblich suchte. Dies trifft auch auf eine
Band zu, die aus heutiger Sicht zu den bedeutendsten
Gruppen jener Zeit gezählt werden muss, die anfangs
aber kaum Platten verkaufte und schon gar nicht im Radio gespielt wurde. Die Rede ist von *Velvet Underground*.

Andy Warhol und The Velvet Underground

»I don't know
just where I'm going
But I gonna try
for the kingdom if I can
'cause it makes me feel like I'm a man
when I put a spike into my vene
and I tell you things are quite the same
when I rush in on my run
and I feel just like Jesus' son
and I guess that I just don't know.
– Heroin.
Be the death of me.«

The Velvet Underground: »Heroin«

Die von *Andy Warhol* in New York gegründete »Factory« war ein Sammelbecken
für Künstler, Schauspieler, Filmemacher
und Lebenskünstler – die so genannte
Boheme. Hier wurde nicht nur mit neuen
Kunstformen experimentiert, sondern
auch Drogen und sexuelle Praktiken aller
Art ausprobiert. Die New Yorker Szene
unterschied sich deutlich von anderen
Gegenkulturen der ausgehenden Sechziger, von politischen Gruppen ebenso wie

von den Hippies. Ganz im Sinne der charismatischen Figur *Warhols*, dessen Philosophie es war, das eigene Leben zum Kunstwerk zu erheben, haftete dem »Factory«-Kreis etwas sehr Exklusives, zugleich aber auch Abgeklärtes an. Hier ging es weniger darum, über neue künstlerische Strategien eine politische Utopie auszudrücken; Ziel war vielmehr, das eigene Leben ständig neu zu inszenieren. Nicht Selbstfindung – wie bei den Hippies – stand im Mittelpunkt, sondern das Abstreifen von Identität zugunsten ständig neuer, intensiver Erfahrungen. Vielen Kritikern gilt *Warhol* deshalb als der erste postmoderne Künstler, als ein Künstler nämlich, der nicht mehr nach Utopien Ausschau hielt, sondern aus dem Leben ein Spiel machte, in dem nicht mehr zwischen Kunst und Wirklichkeit unterschieden werden sollte. Den dazu passenden, verstörenden Sound lieferten *The Velvet Underground*, die *Warhol* 1966 erstmals auftreten ließ. Zu minimalistisch lärmigen Gitarrenfeedbacks intonierte *Lou Reed* mit kühlem Sprechgesang Texte über Sadomasochismus und die selbstzerstörerische Lust am Heroin.

Zu einer Zeit, als die Subkulturen die spirituelle Wirkung von Marihuana und LSD und das Zeitalter des Wassermanns ausriefen, wirkten *The Velvet Underground* wie apokalyptische Reiter. Ihre Musik und Texte waren trostlos, bedrohlich und priesen zugleich eine lasterhafte Grenzerfahrung jenseits von »Love & Peace«. So unzeitgemäß aggressiv sie auf ihre Zeitgenossen gewirkt haben mögen, so einflussreich sollten sie für die kommende Pop-Entwicklung werden.

»Seit Punk halten uns viele für eine der wichtigsten Sixties-Bands. Unsere Zeitgenossen sahen das anders. Ich glaube, wir haben in den Sechzigern gerade mal zehn Dollar an Radio-Tantiemen gesehen. Im Klartext: Wir wurden so gut wie gar nicht gespielt.«
Mo Tucker/The Velvet Underground im Gespräch mit dem Autor, 1990

Für kurze Zeit war im Studio und auf der Bühne beinahe alles erlaubt. Die politische Aufbruchsstimmung gab auch dem Pop die Freiheit, nach neuen Ausdrucksmitteln zu suchen.

Psychedelic

Eine neue Droge revolutionierte die Musik. Psychedelic war die Verheißung, in andere, tiefere Schichten des Selbst zu blicken.

LSD als Motor fürs Musikgeschäft

Mitte der sechziger Jahre nahmen die Dichter der Beat-Generation *Ken Kesey* und *Allen Ginsberg* an medizinischen LSD-Tests des mit Drogen experimentierenden Wissenschaftlers *Timothy Leary* teil. *Ginsberg* vermutete gleich, dass diese Forschungen für den Geheimdienst verwendet werden könnten. Er sollte Recht behalten, aber der CIA ging trotzdem als Verlierer aus den Versuchen hervor. Die LSD-Tests wurden aufgegeben, nachdem die erhofften Erkenntnisse für einen militärischen Einsatz ausgeblieben waren – zugleich bekam eine neue Generation ihre Zauberformel.

Die halluzinogene Droge LSD war besonders in der Musikszene beliebt. Bands wie *The Grateful Dead* spielten auf LSD-Partys in San Francisco, ihre Shows stellten alles Bisherige an Länge und Intensität in den Schatten. Acht- bis zehnstündige Auftritte waren keine Seltenheit – ein Phänomen, das es erst wieder bei den Raves zu Beginn der neunziger Jahre geben sollte, wo sich Tanzpartys oft über mehrere Tage hinzogen.

Im Gegensatz zu den meisten Psychedelic-Bands, die sich nach kurzer Zeit wieder auflösten, wuchsen *The Grateful Dead* zur Kultband, der auch noch Jahrzehnte später ganze Scharen von Fans auf den Tourneen nachreisten. Und noch heute ziert das Gesicht ihres Gitarristen *Jerry Garcia* übergroß so manche Häuserwand in San Francisco. Die Musik der *Grateful Dead* wirkte eher konventionell, solide gespielter Country-, Folk- und Bluesrock. Live jedoch besaßen ihre stundenlangen

Improvisationen – zumindest laut Anhängern – eine extrem suggestive Wirkung.

Flucht vor der Realität?

Psychedelic ist sicher kein eigener Musikstil gewesen, denn die Musik der *Grateful Dead* unterscheidet sich zum Beispiel drastisch von den surrealen Klangcollagen der frühen *Pink Floyd*. Psychedelic wurde vielmehr als Etikett verwendet, als Sammelbegriff für Musik, die den Eindruck vermittelte, unter Drogen entstanden zu sein und beim Konsum von Rauschmitteln intensiv zu wirken. Sehr schnell wurde aus Psychedelic eine Markenbezeichnung, die den Plattenfirmen dazu diente, auch relativ konventioneller Musik den Anstrich von Underground und Grenzerfahrung anzudichten.

Einige Musiker, deren Platten gerne mal beim Trip aufgelegt wurden, wehrten sich sogar gegen das Drogenimage. *Don van Vliet* alias *Captain Beefheart*, dessen 68er Doppelalbum »Trout Mask Replica« in Sachen Abgedrehtheit viele selbst ernannte Psychedeliker um Längen überbietet, behauptete, zu keiner Zeit Drogen genommen zu haben. Und auch *Frank Zappa* warnte schon früh davor, dass der ganze Psycho-Rummel nur der Flucht vor der Realität diene und den großen Plattenfirmen sehr gut in den Kram passe.

Unter dem Psychedelic-Etikett sind einige wunderschöne, zeitlose Platten entstanden, zum Beispiel die beiden Soloalben des ehemaligen *Pink Floyd*-Sängers *Syd Barrett* und die Debut gebliebene LP von *United States Of America*. Ganz gleich, wann und wo auch immer Drogen im Spiel waren, es ist ein großer Verdienst des Psychedelic-Booms gewesen, dass sich die Musiker von ihren Sounds treiben ließen und alte Konventionen ignorierten.

Dr. Timothy Leary PH.D. L.S.D.
Pixie, 1966

»Mach's sexuell, das ist die einzige Methode, dich selbst zu befreien.«
Frank Zappa auf die Frage nach der befreienden Wirkung von Drogen.
In: Frank Zappa in eigenen Worten. Heidelberg 1996

Psychedelic setzte musikalisch neue Akzente. Zugleich konnte die Musik jedoch auch als Flucht in den Klangnebel dienen. Sie war ein hervorragendes Ventil, mit dem sich die Gegenkulturen auf die Drogen reduzieren ließen.

Hippies, Festivals und Gegenkulturen

Die in den Pop gesetzte Hoffnung auf eine neue Gesellschaft schien 1969 in Erfüllung gegangen zu sein. Das Woodstock-Festival zog hunderttausende Musikfans an und wurde zum Symbol für »Love & Peace«.

Der Aufbruch

»Der Schub kam, politisch, 1967 durch die Sprachen des Marxismus, die öffentlich werdende Sprache der Psychoanalyse, die Sprache eines militanten Internationalismus (Anti-USA/Vietnam), verbunden mit den Sprechweisen des Kinos und der Rockkultur: insgesamt die neue Sprechweise einer sexualisierten Frechheit, die alles ergriff. Mitauslöser: die Pille. Resultat: die schubartige Umwandlung des Lebens in eine Abfolge intensiver Momente unter weitgehendem Wegfall jeder Zukunftsplanung.«

Klaus Theweleit: Ghosts. Frankfurt a.M./Basel 1998

Die Gegenkulturen der ausgehenden sechziger Jahre meinten die Gesellschaft verändern zu können. Ob sich nun die Hippies der Gesellschaft verweigerten, indem sie ihr ganzes Hab und Gut am eigenen Leib trugen und als Tramps von Festival zu Festival zogen oder ob sich jemand politisch organisierte und Straßenschlachten mit der Polizei lieferte – der Unterschied zwischen Pop und kulturellem Widerstand auf der einen Seite und politischer Aktivität auf der anderen wurde Ende der Sechziger nicht als bedeutend empfunden. Anfangs hatte es ein Gemeinschaftsgefühl gegeben, einen Glauben daran, dass Popfestivals, Underground-Comics, Straßentheater, Happenings und Demonstrationen letztlich ein- und derselben Sache dienten. Die »Weathermen« beispielsweise, eine amerikanische Guerilla-Gruppe, die Bombenanschläge auf Gefängnisse, Regierungs- und Militärgebäude verübte, sahen sich in ihrer Politik durch Ereignisse wie das Woodstock-Festival geradezu ermutigt. Während die politischen Gruppen weltweit gegen US-Imperialismus, Klassengesellschaft und überkommene Sexualmoral auf die Straßen oder in den Untergrund gingen, erschien die Popkultur für kurze Zeit als eine Art Verheißung, wie die kommende, befreite Gesellschaft einmal aussehen könnte ... ein kollektives Fest aus Love, Peace und Happiness.

Auch im Pop herrschte, was Hautfarbe und Geschlecht anging, eine durchaus befreiende Aufbruchsstimmung.

Nie zuvor hatte es beispielsweise so viele selbstbewusste Musikerinnen gegeben, die sich nicht nach gängigen Frauenbildern vermarkten ließen. Als Beispiele seien hier nur *Grace Slick* von *Jefferson Airplane*, *Nico* (zeitweilig bei *Velvet Underground*), *Joan Baez*, *Joni Mitchell* und *Janis Joplin* genannt. Erstaunlich ist allerdings, dass es zwar 1969 auch zum großen »Stonewall«-Aufstand der Homosexuellen kam, die gegen Razzien und Diskriminierung ankämpften, Homosexualität im Pop jener Zeit allerdings kaum thematisiert wurde.

Woodstock
Music from the original soundtrack and more
Atlantic, 1970

Der Woodstock-Mythos

Das 1969 im Bundesstaat New York stattgefundene Woodstock-Festival, zu dem mehr als 400 000 Besucher kamen (zum Vergleich: das berühmte Monterey-Festival von 1967 zählte nur 45 000 Besucher), gilt bis heute als Erfüllungsort all der befreienden Gegenentwürfe, die seinerzeit in Pop projiziert wurden. *Country Joe McDonald* wetterte dort gegen die GIs in Vietnam, *Joan Baez* sang eine bissige Nummer gegen den damaligen Gouverneur *Ronald Reagan* und *Jimi Hendrix* zerschmetterte die US-Hymne in einer Feedback-Orgie und gab somit, ganz ohne Worte, einen der eindrucksvollsten politischen Kommentare der Popgeschichte ab. Woodstock politisierte, auch dort, wo es nicht ausdrücklich formuliert wurde. Das Publikum verstand sich als eine verschworene Gemeinschaft, die sich ihrer Lebenseinstellung nicht ständig vergewissern musste, da sie diese Haltung ja bereits mit Haut und Haaren – besonders mit sehr viel Haaren – lebte. Das Woodstock-Festival blieb aber ein Ausnahmeereignis, das befreiende Flair verflog schnell. Im selben Jahr noch wurde ein Konzertbesucher auf dem Altamont-Festival während eines *Rolling Stones*-Auftritts von Ordnern erstochen; *Charles Manson* mordete mit

Jimi Hendrix
Foto: Günter Zint 1967

seiner ›Family‹ und erklärte, dass der *Beatles*-Song »Helter Skelter« ihn zu diesen Taten beflügelt habe.

1969 war das Jahr der Polarisierung. Immer dann, wenn die Zeit zwischen 1967 und 1970 als die größte Ära der Popgeschichte verklärt wird, beziehen sich die Argumente auf Woodstock. Und wenn der Hippie-Mythos zerstört werden soll, werden Linien zu Altamont und *Charles Manson* hergestellt. Im Punk beispielsweise wimmelt es von *Manson*-Huldigungen.

Der tiefe Graben zwischen den in Pop gesetzten Hoffnungen und der Realität von Business und Politik brauchte allerdings keine verstörten Randerscheinungen wie *Manson*. Das Woodstock-Festival selbst kann als Beispiel für die symbolische Politik der Popkultur gelten, für deren Chance ebenso wie für deren Scheitern.

Der emotionale Hintergrund, den die Popmusik den sozialen Bewegungen in jener Zeit gab, beeinflusste viele Jugendliche, sich gegen einen konventionellen Lebensweg zu entscheiden. Dennoch blieb diese Konsequenz in den meisten Fällen symbolisch und machte aus den Fans weder Aussteiger noch Revolutionäre. In dieser Hinsicht war Woodstock bereits ein großer Jahrmarkt, der den Regierenden klarmachte, dass Popmusik und ein über die Musik transportiertes Image vielleicht die friedlichste und vor allem gewinnträchtigste Methode ist, eine Generation unter Kontrolle zu halten. Wenn jugendliches Aufbegehren und politischer Widerstand sich in Kiffen, lange Haare und Rockmusik kanalisieren lässt, dann gibt es kein besseres Opium fürs Volk als *Hendrix*,

Jefferson Airplane und Co. Der unter *Nixon* amtierende Vizepräsident *Agnew* wirkte zum Beispiel auf die großen Plattenfirmen ein, dass sie keine Anzeigen mehr in politischen Untergrundmagazinen schalten sollten – die Rockmusik selbst und das Inserieren in normalen, also bürgerlichen Blättern konnte und wollte er jedoch nicht untersagen.

Woodstock besaß eine starke symbolische Kraft und trug ohne Zweifel seinen Teil zur Liberalisierung der Gesellschaft bei. Andererseits haben solche Veränderungen aber auch jenes Phänomen gefördert, das der Philosoph *Herbert Marcuse* »repressive Toleranz« nannte: Je mehr kulturelle Freiheit sich entwickelt, desto stärker wird auch das lähmend unkritische Gefühl, bereits in einer maximal freien Gesellschaft zu leben.

Woodstock, das bereits dermaßen kommerziell war, dass dort nur wirklich gut verkäufliche Namen auftraten, zeigte vor allem eines: Was für ein gewinnträchtiger Markt Popmusik sein kann, wenn sich mit dieser Musik Mythen, Hoffnungen und Utopien transportieren lassen. Woodstock selbst wurde über zwei LP-Sampler und einen Film vermarktet und sorgte schließlich nicht nur für »Woodstock 2« und ein durch Randale aus den Fugen geratenes »Woodstock 3«, sondern für die heute längst etablierte, kommerzielle Festivalkultur. Zwischen »Rheinkultur«, »Rock am Ring« und »Loreley-Festival« lässt sich inzwischen einen ganzen Sommer lang Woodstock-Flair simulieren.

»Die Gegenkultur ist sich genau darüber im Klaren, wo sie mit ihrem Zerstörungswerk anzusetzen hat. Als grelles Illiteratentum allen Mauergekritzels, das hartnäckige Schweigen der Jugendlichen, das Nonsens-Geschrei der Bühnen-Happenings – sie alle sind Teil einer resoluten Strategie. Die Aufrührer und der Freak-out haben das Gespräch mit dem kulturellen System abgebrochen.«

Georges Steiner: In Blaubarts Burg. Anmerkungen zur Neudefinition von Kultur. Frankfurt a.M. 1972

Über Woodstock ist Popkultur zum Symbol für eine neue, friedfertige Generation geworden – ein Wunschbild, das sich allerdings nicht lange halten sollte.

Funk und »black politics«

Ende der sechziger Jahre war Funk die prototypische Musik, um ein neues schwarzes Selbstbewusstsein auszudrücken. Funk war härter und textlich direkter als Soul und damit ein ideales politisches Sprachrohr.

Free your mind

»Ich funke deinen Verstand heraus: ›to funk‹ bedeutet bedrohen und versprechen, herausziehen und ausziehen, die Seele funkatisieren vermittels einer Logik des Wortspiels.«

Kodwo Eshun: Heller als die Sonne. Abenteuer in Sonic Fiction. Berlin 1999

»The Underground.
There will be no light
So there can be no sight
And you'll judge your fellow man
Understand
By what is right.
We'll all turn black
So who's to know
As a matter of fact
Color creed and breed must go.
The Underground
The Underground.«

Curtis Mayfield: »Underground«, 1971

Stilistisch entstand der Funk, wie so viele Neuerungen im Pop, eher zufällig aus Studioexperimenten heraus. Als James Brown 1965 »Papa's Got A Brand New Bag« aufnahm, wurde all das, was bei Popsongs bislang nur der Begleitung diente, in den Vordergrund gerückt. Das rhythmische Gerüst und der Basslauf bilden den Kern dieser Stilrichtung. Sylvester Stewart alias Sly Stone machte mit Sly And The Family Stone aus dem Funk ein Politikum. Seine Gruppe aus Schwarzen und Weißen, aus Frauen und Männern, war eine der ersten Band-Kommunen der Popgeschichte. Mit Nummern wie »There's A Riot Going On« (das Cover der gleichnamigen Platte zeigte vielsagend nur die US-amerikanische Flagge) riefen sie zum Kampf gegen Rassismus und die Diskriminierung der Frauen auf. Die Musik von Sly And The Family Stone bestand aus einem betonten Rhythmus, über den Solisten und Chöre ihre Botschaften schmetterten, die mal politisch waren und oft einfach nur dazu aufriefen, »funky« zu sein. Statt Psychedelic, Blues oder Folk bestand die Musik aus einer fast ohne Gitarre auskommenden Beat-Attacke. Häufig wurde der Funk nur als rhythmische Beigabe genutzt, um der kommerziellen Musik ein tanzbares Korsett zu geben, doch in diesem Fall war die Musik verstörend reduziert. So einzigartig Sly Stone Ende der Sechziger gewesen ist, so einflussreich sollte er für kommende Generationen werden. Viele HipHop-, House- und Techno-Musiker ließen sich von der *Family* inspirieren.

Feel your body

Zur Kultfigur wurde auch *George Clinton*, der mit gleich drei Gruppen auftrat, mit *Parliament*, *Funkadelic* und den *P-Funk All Stars*. Der so genannte P-Funk-Kosmos machte den Funk zu einer eigenen Bewegung und Mode. Die Musiker und Musikerinnen traten mit hohen Plateauschuhen und in Glitzeranzügen auf, stilisierten sich als eine Art schwarzer Stamm aus dem Weltall und prägten mit ihren Tanzshows einen Live-Stil, der großen Einfluss auf die Bühnendarbietung von *Prince* und *Michael Jackson* haben sollte. *Clinton* wurde zum meistgesampleten Musiker der Popgeschichte, seine Bassläufe finden sich auf zahllosen Rap- und House-Alben verarbeitet. Der enorme Erfolg seiner Nachfahren war *Clinton* jedoch nicht vergönnt. Seine Stücke waren häufig zu lang, um im Radio gespielt zu werden.

Funk wurde in den frühen Siebzigern auch als Soundtrack zu »Blaxploitation«-Filmen wie »Superfly« und »Shaft« eingesetzt, Filme, in denen die Protagonisten Schwarze waren, deren Coolness häufig in einen direkten Kontrast zu stupiden rassistischen Weißen gestellt wurde. Als Stil wurde Funk häufig übernommen, zum Beispiel von kommerziellen weißen Bands wie *Level 42*, bei denen sich jedoch die politischen Ursprünge verloren.

»Wenn Sly Stone so gut ist, wie er beschrieben wird und auch wirklich ist, warum wird dann sein Name so selten in den Listen über die besten Rockmusiker gleichgestellt mit den anderen Spitzen – mit Lennon und McCartney, Richards und Jagger, Dylan und Townshend? Der Grund, befürchte ich, ist einfach: Sly Stone ist ein Schwarzer.«

John Gabre, zit. n.: Rickey Vincent: Funk. New York 1995

Obwohl Funk keine Jugendbewegung im eigentlichen Sinne hervorbrachte, sind seine musikalischen Grundelemente seither nicht mehr aus dem Pop wegzudenken. Überall dort, wo bis heute vom »Groove« in der Musik die Rede ist, hat Funk seine Spuren hinterlassen.

Polit-Rocker, Psychedeliker und Mensch-Maschinen

Deutsche Popgruppen hielten sich in den sechziger Jahren eng an die Musik der britischen und US-amerikanischen Vorbilder, ohne einen eigenen Stil zu entwickeln. Erst mit der großen politischen und musikalischen Aufbruchswelle sollte sich die Situation ändern.

Krautrock

»Die Studenten essen täglich Marx und Lenin, und die glücklich heimgekehrten Indienfahrer können ihr Pfeifchen nicht lassen und trommeln in ihren Fabriketagen ohne Meldeschein ihr Sein zur Disposition. Wer nicht in einer Kommune 1-500 eine Matratze sein eigen nennt, hat ein für alle Mal die Welt verpennt.«

Gert Möbius in:
Ton Steine Scherben.
Geschichten, Noten, Texte aus 15 Jahren. Berlin 1985

Mit den Achtundsechzigern hatte auch Deutschland eine eigene Protestbewegung hervorgebracht. Es wundert daher nicht, dass zu dieser Zeit auch die erste experimentelle Popmusik entstand. In *Amon Düül*, einer aus der Berliner Kommune Eins hervorgegangenen Gruppe mit der Kommunardin *Uschi Obermayer* am Schlagzeug, kamen für kurze Zeit politischer Aufbruch und Popmusik zusammen. Die monotonen Selbstfindungs-Rituale von *Amon Düül*, eine archaisch dilettantische Variante der *Velvet Underground*, waren jedoch kommerziell wenig erfolgreich – im Gegensatz zu ihren Nachfolgern Amon Düül 2, die es verstanden, ihre Psychedelic geschickt aus Vorbildern wie *Frank Zappa* und *Pink Floyd* zu kombinieren.

Während die psychedelischen Experimente in England und den USA bereits Mitte der sechziger Jahre ihre ersten musikalischen Gehversuche gestartet hatten, erreichte der Trend die Bundesrepublik zeitversetzt; fast alle nennenswerten Gruppen, die heute als Vertreter des Krautrock gelten, veröffentlichten ihre wichtigsten Platten zwischen 1970 und 1974. Der oft verwendete Begriff Krautrock ist jedoch problematisch, da die Klassiker, die diesem Genre zugeordnet werden, keine Rockmusik im eigentlichen Sinne darstellten. Krautrock leitet sich von den »Krauts« ab, wie Deutsche in der angloamerikanischen Umgangssprache genannt werden. Die Bands, die unter diesen Begriff fallen – z.B. *Kraftwerk, Can, Faust,*

Neu, *Popol Vuh*, *Cluster* und *Ash Ra Tempel* – experimentierten mit Klangcollagen und Elektronik, waren also auf dem Weg, sich von gängigen Rockmustern zu entfernen. Rock hingegen spielten die im Ausland sehr erfolgreichen *Scorpions* – die aber haben nichts gemeinsam mit jenen Attributen, die dem Krautrock immer wieder zugeordnet wurden: versponnen, sphärisch und abgedreht.

Polit-Gruppen und Liedermacher

Anfang der siebziger Jahre gab es in der Bundesrepublik einige bedeutende politische Gruppen, zum Beispiel *Ton Steine Scherben*, *Checkpoint Charlie* und *Floh De Cologne* sowie bekannte Liedermacher wie *Hannes Wader* und *Franz-Josef Degenhardt*. Außerhalb der BRD hatten sie keinen Erfolg, da ein Großteil ihrer musikalischen Wirkung vom Text abhing; für die hiesige Protestkultur waren sie jedoch wichtig. Die Berliner *Ton Steine Scherben* mit ihrem Sänger *Rio Reiser* trafen mit Songs wie »Macht kaputt, was euch kaputt macht« und »Keine Macht für Niemand« den Nerv der antiautoritären Jugend und wurden zur lautstarken Begleitmusik der ersten Hausbesetzungen und den Kämpfen um selbstverwaltete Jugendzentren. Die DKP-Romantik der Liedermacher und ihre neuen Formen einer Volksmusik sprachen dagegen eher die Teilnehmer der Massendemonstrationen, Gewerkschaftsaktivisten und Friedensmarschierer an.

»Unsere Musik soll ein Gefühl der Stärke vermitteln. Unser Publikum sind Leute unserer Generation: Lehrlinge, Rocker, Jungarbeiter, ›kriminelle‹ Leute in und aus Heimen. Von ihrer Situation handeln unsere Songs. Lieder sind zum Mitsingen da. Ein Lied hat Schlagkraft, wenn es viele Leute singen können. Wir brauchen keine Ästhetik; unsere Ästhetik ist die politische Effektivität. Unser Publikum ist der Maßstab und nicht irgendwelche ausgeflippten Dichter.«
Ton Steine Scherben 1970

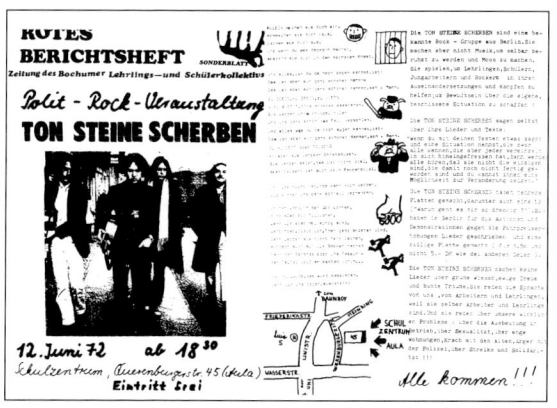

Die Entwicklung im Westen blieb auch in der DDR nicht ohne Folgen. Anfang der siebziger Jahre lockerte die staatseigene Plattenfirma »Amiga« die Aufnahmekriterien für Rockbands. Gruppen wie die *Puhdys* und *City* waren allerdings der staatlichen Kontrolle unterworfen, sodass von ihnen keine politische Sprengkraft ausgehen konnte. Wer sich dennoch politisch äußerte wie zum Beispiel *Wolf Biermann* und die Rockband *Renft*, die mit eindeutigen Parolen wie »erhebt euch und geht auf die Straße« Aufsehen erregte, bekam Ärger. *Biermann* wurde des Landes vergewiesen, *Renft*-Texter *Gerulf Pannach* erhielt Mitte der siebziger Jahre Berufsverbot.

Rock made in Germany

»Wir stammen aus einem Land, das eine ganz bestimmte Vorstellung hervorruft, eine Menge Klischees, deshalb spielen wir dieses Spiel und verwandeln uns selbst in diese Stereotypen.«
Kraftwerk, zit. n. Pascal Bussy: Kraftwerk. München 1993

Den so genannten Krautrockern gelang es als einzigen, eine musikalische Sprache zu finden, die international verstanden wurde und sich doch stilistisch von Bands aus den USA und England unterschied. Das Eigenartige dieser Musik waren vor allem die dominierenden Instrumente wie Mellotron, Synthesizer und Tonbandgeräte, mit deren Hilfe monotone Sounds geschaffen wurden, die den Bands das Etikett »kosmische Musik« einbrachten. So besteht zum Beispiel die 70er LP »Affenstunde« von *Popol Vuh* fast ausschließlich aus minimalistischem Keyboard-Flirren. Meister der suggestiven, einfachen Sounds sind *Can* aus Köln gewesen. Ihre Stücke basierten zwar auf einem Beat, statt allerdings kernigen Rock zu liefern, arbeiteten sie mit federnden Grooves, Reggae-Anleihen und Sounds, die trancehafte Wirkung hatten. Ein Teil der Band hatte beim Kölner Komponisten *Karlheinz Stockhausen* studiert und formale Elemente aus der Neuen Musik aufs Pop-Terrain übertragen. So arbeitete *Holger Czukay* bei *Can* zum Beispiel mit Radiofrequenzen, um der Musik, wie er es nannte, einen »plasmatischen Sound« zu geben. Die Experimentierfreude mit neuen Klangerzeugern brachte den nachträglichen Kultstatus im Techno-Zeitalter mit sich und erklärt die enormen Preise, die Sammler heute für die Original-Platten auszugeben bereit sind.

Kraftwerk

Kraftwerk ist wohl die bis heute bekannteste Gruppe jener Zeit. Anfangs traten die beiden Musiker *Ralf Hütter* und *Florian Schneider* noch mit langen Haaren auf und galten als eine zeittypische Psychedelic-Band. Ab ihrer 1974 veröffentlichten LP »Autobahn« wandelte sich das Image der Band jedoch rapide. Passend zur Monotonie ihrer Songs gaben sich die Musiker ein einheitliches Outfit – sauber gescheitelt und mit Krawatte – und entwickelten so ein Bild, das sämtlichen Hippie-Stereotypen widersprach. Als musikalisches Abbild der »deutschen Wertarbeit«, ebenso präzise wie emotionslos, wurde *Kraftwerk* zum deutschen Pop-Export schlechthin. Auf ihre 1978 erschienene LP »Die Mensch-Maschine« tourte *Kraftwerk* gar nicht mehr selbst, sondern schickte Roboter auf die Bühne, die den Musikern verblüffend ähnlich sahen. »Während unsere Roboter für Fotosessions und Presseempfänge zur Verfügung stehen«, scherzte *Ralf Hütter*, »können wir uns anderen Dingen widmen.«

Kraftwerk strotzten nur so vor deutschen Klischees. Kein Wunder, dass Platten wie »Radioaktivität« die Zeitgenossen irritierten. Im Jahrzehnt der Bürgerinitiativen und Massendemonstrationen gegen den Bau neuer Atomkraftwerke schaffte sich diese bewusst von jeder politischen Meinung freie Musik nicht nur Freunde. Manche Kritiker warfen der Band, die sich unter anderem auch auf die Ästhetik der Futuristen stützte, sogar faschistische Tendenzen vor. Umso erstaunlicher, dass ausgerechnet die schwarze Discoszene von Detroit und Chicago *Kraftwerk* Ende der Achtziger wieder entdeckte und als Pioniere der House-Musik feierte.

Die deutsche Popmusik in den siebziger Jahren sprach das gesamte subkulturelle Spektrum an. Bands wie Ton Steine Scherben wandten sich an das politische Lager, Kraftwerk bedienten mit ihrem Konzept-Pop ein kritisches Hochschul-Publikum, während Krautrocker wie Can das ideale Kiffer-Gemisch für die Hippies abgaben.

Die Welt der Superstars

**Rockmusik begann sich in den siebziger Jahren thea-
tralisch als »Kunstmusik« zu stilisieren. Die Arrangements wurden aufwendiger, doch jeglicher Bezug zur
Gesellschaft verschwand.**

Eine neue Ära beginnt

Mit dem Tod von Janis Joplin, Jimi Hendrix und Jim Morrison
hatte die Popwelt nicht nur ihre ersten Drogentoten zu
beklagen, sondern symbolisch starb mit ihnen eine ganze Epoche. Die Trennung der *Beatles* 1970 trug ebenfalls
dazu bei, dass die kurze Aufbruchsstimmung, die all-
gemeine Hoffnung in Pop als Motor gesellschaftlicher
Veränderung, gedämpft wurde. Für Idealisten war spätestens um 1974 entschieden, dass die Popmusik ihren
rebellischen Geist verloren hatte und zum bloßen
Geschäft wurde. An den Stars jener Zeit, von *Genesis* bis
Pink Floyd, von *Deep Purple* bis *Fleetwood Mac*, trat die
Kommerzialität offen zutage. Diese Rock-Dinosaurier
verband weder etwas Politisches noch Rebellisches, vielmehr waren ihre inszenierten Live-Spektakel perfektes
Illusions-Theater, sie standen vor allem für aufwendig
produzierte Konzeptalben. Die Plattencover von Bands
wie *Yes*, *Emerson, Lake & Palmer* und *Led Zeppelin* waren im
märchenhaften Fantasy-Stil gehalten, ihre Songs erzählten von Rittern, Feen und Elfen. Nach einer aufklärerisch
kritischen Phase wurde die Popmusik nun textlich illu-
sionistisch und musikalisch bombastisch.

Pomp und Bombast

Die aufwendigen Bühnenshows und die offen zur Schau
getragene Virtuosität waren eine logische Entwicklung
der musikalischen Ausdifferenzierung. Bereits Psychedelic hatte das Repertoire des Beat erweitert, der Pro-

Led Zeppelin
Houses Of The Holy
Atlantic, 1973

gressive-Rock der Siebziger steigerte die Arrangements noch einmal in Sachen Komplexität und Abwechslungsreichtum. Dieser Entwicklung lag die reizvolle Idee zugrunde, den Hörern Schallplatten zu liefern, die nicht einfach nur aus einer Reihe von Songs bestanden. Vielmehr stellte jede Platte eine eigene, in sich geschlossene Welt dar, in die man stunden-, tage- und wochenlang eintauchen konnte. *Yes*-Veröffentlichungen oder »Wish You Were Here« von *Pink Floyd* waren keine Platten, die man nur mal für den Hintergrund auflegte. Das Hören wurde hier zum hingebungsvollen Ritual. Es ging den Bands und Labels nicht mehr darum, einen Single-Hit zu landen, sondern die ganze LP sollte als eine Art große Erzählung zum Erfolg werden. In vielen Fällen gelang das auch. Von *Fleetwood Macs* »Rumours«-LP (1977) wurden beispielsweise mehr als 25 Millionen Exemplare verkauft. »The Wall« von *Pink Floyd* war schließlich 1979 die letzte Platte, die als ein solches Gesamtkunstwerk gelang. Mit ihr hatte sich diese Ästhetik von Pomp, Bombast und opernhafter Erzählung sowohl vollendet als auch erledigt.

»Der Erfolg von ›Dark Side Of The Moon‹ führte dazu, dass die Pink Floyd das Etikett einer Underground-Gruppe endgültig verloren. Die Sprache des Untergrunds war plötzlich die Sprache von 5 bis 6 Millionen Plattenkäufern.«

Gary Herman
in Sounds 8/1976

Keine Epoche ist aus heutiger Sicht so unbeliebt wie die kommerzielle Seite der Siebziger, die in der Tat sehr viele pathetische Bands wie zum Beispiel Barclay James Harvest, Styx und Boston hervorgebracht hat. Bombast und Virtuosität sind hier zum Selbstzweck geworden.

Von Artrock bis Glam

Artrock hatte nichts mit der künstlerischen Avantgarde seiner Zeit zu tun, sondern bedeutete eher ›Art‹ im Sinne von künstlich. Beim Glamrock dagegen schimmerte sehr viel Ironie und Spott durch.

Kunstmusik und Spektakel

»1972, als ich mit meinen Recherchen anfing, war die Trennung von Rock und Pop bereits absolut, eine Trennung des musikalischen Geschmacks, die Klassenunterschiede widerspiegelte: Einerseits gab es die Rockmusik der Mittelklasse – anspruchsvoll und elegant, besessen von bourgeoisen Kunstvorstellungen, eine Ansammlung von Sachverstand und Vorbildung; andererseits gab es den Pop der Arbeiterklasse – banal, einfach, ganz nach den Gesetzen des Erfolgs gestrickt.«

Simon Frith:
Sound Affects; zit. n.:
The Faber Book Of Pop

Die Artrock-Bands traten nicht mehr als Vertreter einer Jugendbewegung auf, sie verkündeten keine »Revolution« mehr, sondern sie verzauberten ihr Publikum mit einer Mischung aus Zirkus, Sciencefiction und Musical. Popmusik wurde so zu einem gekonnten Spektakel, das sich von dem, was Pop einmal bedeutete, nämlich Alltagskultur, maximal entfernt hatte. Gruppen wie *Genesis*, *Yes* und *Gentle Giant* vermischten mit halsbrecherischer Virtuosität die Stilrichtungen Heavy Rock, Jazz, klassische Motive und mittelalterliche Folklore. Mit Querverweisen auf Mythen, Märchen und das Repertoire bürgerlicher Kunstmusik richteten sich solche Bands speziell an die Mittelschichtjugend. Ihr Sound regte die Träume pubertierender Gymnasiasten an. Artrock stand für eine in sich geschlossene Kunstwelt, nicht mehr für eine wünschbare zukünftige Gesellschaft.

Experimente und Selbstorganisation

Dass es auch anders ging, bewiesen einige Bands aus der so genannten Canterbury-Szene. In der englischen Kleinstadt hatten sich bereits in den Sechzigern experimentierfreudige Bands wie *Caravan* und *Soft Machine* gegründet, die das Repertoire des Psychedelic Rock mit Folk, Klassik und Jazz erweiterten. Im Umfeld dieser Szene entstanden ein paar Jahre später Artrock-Bands wie *Matching Mole*, *Henry Cow*, *National Health* und *Hatfield And The North*, die sich trotz höchst komplexer Musik von allem Bombast fern hielten und ihre Musik auch mit einem politischen Anspruch verbanden. *Henry Cow* benannten sich nach dem linken amerikanischen Komponisten *Henry Cowell*. Das Kollektiv um *Fred Frith*, *Tim Hodgkinson* und diverse Gäste wie *Dagmar Krause* und *Robert Wyatt* (ehemals *Soft Machine*) vermischte Rockmusik mit Freejazz und Neuer Musik, in der Überzeugung, dass musikalische Avantgarde, also die Abkehr von Pop als Unterhaltung, auch eine politische Botschaft transportieren könne. Mit schrägen Tönen wollten sie die gesellschaftliche Normalität attackieren.

Das Konzept ging jedoch nicht auf, denn die Musik war zu sperrig und intellektuell, um ein größeres Publikum zu erreichen. Das *Henry Cow*-Debut erschien 1973 auf dem jungen und anfangs mutigen »Virgin«-Label, sehr bald aber mussten die Musiker einsehen, dass Musik, wenn sie keine Kompromisse eingehen will, Selbstverwaltung und wirtschaftliche Unabhängigkeit benötigt. Mit »Rock In Opposition«, aus dem später das »Recommended«-Label hervorging, schufen die Musiker rund um *Henry Cow* eine Art Netzwerk, das es Bands ermöglichte, in Eigenregie Platten zu produzieren und Konzerte zu organisieren. Dieses frühe Konzept eines Independent-Labels war die Folge der Kommerzialisierung des Popgeschäfts, eine der Not heraus geborene Tugend. Mit »Trikont« und »Schneeball« entstanden zu dieser Zeit auch in Deutschland erste »Indies«, bei denen die Bands – von der Songauswahl über die Produktion bis zur Covergestaltung – die alleinige Kontrolle über ihr Produkt erhielten.

Die Provokation des Glam

Die Musik des Glamrock wollte ganz bewusst ein Kind der großen Plattenindustrie sein, grell, bunt und allgemein verständlich. Bands wie *T. Rex* und *Roxy Music* machten keinen Hehl daraus. Sie trieben die Künstlichkeit auf die Spitze, traten in silbernen Plateauschuhen, Leder und Federschmuck auf und gaben sich ein androgynes oder puppenhaftes Image. Auf dem Cover des 72er

»Interessant ist, dass ›Rock in Opposition‹ durch das, was 1977 geschah, überholt wurde. Wir haben einige Jahre unablässig Stellung genommen zur Bedeutung von Unabhängigkeit und Autonomie für die Musik und die Musiker. 1977 explodierte (...) die Punk-Bewegung und die Leute machten plötzlich genau die Dinge, die wir dauernd angesprochen hatten.«

Fred Frith/Henry Cow in: Jazzthetik 10/92

Roxy Music-Debuts räkelt sich ein Model aus der Modebranche. Musik und Aufmachung verdeckten die Warenhaftigkeit nicht mehr, sondern trieben sie ins übersteigert Groteske. Der Song »In Every Dream Home A Heartache«, auf der 73er Roxy Music-Platte »For Your Pleasure«, erzählt von einem Yuppie, der gemeinsam mit seiner im Sexshop gekauften, lebensgroßen Gummipuppe in einem luxuriösen Bungalow lebt. In dem Stück wird die Entfremdung einer nur noch aufs Materielle fixierten Gesellschaft thematisiert, während die Glamrocker selbst zugleich dem Luxus und Glitzer frönten. Indem die Musiker das Spektakel überhöhten, konnten sie zugleich kritisch und augenzwinkernd auf die Dekadenz des Business hinweisen. Eine solche Ironie war neu und kann als erster Ansatz einer Kritik am Popgeschäft gelten, die sich nicht ins Avantgardistische flüchtete, sondern musikalisch bewusst einfach blieb.

Wie die Ästhetik des Glam kommerziell am besten funktionierte, bewiesen schließlich Kiss. Die Band mit ihren Masken, die aussahen, als ob sie amerikanischen Superhelden-Comics entsprungen wären, bot noch einmal alles, was Teenagern Spaß macht: Trash, flotte Musik, Party-Laune und eine Show aus Lichteffekten, Feuer und künstlichem Blut. An einer Band wie Kiss wurde deutlich, dass die Vermarktung und das ganze Drumherum, das einer Band ihr Image verleiht, für den Erfolg viel wichtiger ist als die Musik selbst.

Links:
Roxy Music
Country Life
(Originalcover)
Atco, 1974

Nach dem Verbot
des Covers (rechts):
Roxy Music
Country Life

Die Wurzeln des Punk

Mitte der siebziger Jahre also war Popmusik bereits etabliert. Sie schockierte und provozierte so wenig wie die langen Haare, die das alltägliche Bild auf der Straße prägten. Es gab nur wenige Bands, die diese neue Trägheit und Harmlosigkeit offensiv thematisierten, für die weitere Entwicklung der Geschichte des Pop waren sie jedoch bedeutend. Gruppen wie die *Stooges*, *The New York Dolls* und *The Ramones*, die in den USA zu jener Zeit dem Glamrock zugeordnet wurden, waren textlich dermaßen scharf und musikalisch so aggressiv, dass es möglich ist, in ihnen die ersten Punks zu sehen, bevor der Begriff in England erfunden wurde.

Eine Ausnahmestellung in der damaligen Zeit hatten die *Residents*, eine obskur verschrobene Gruppe aus San Francisco, die zeigte, dass man mit Masken auch ganz anders umgehen konnte, als *Kiss* dies taten. Ihr Konzept bestand darin, vollkommen anonym zu bleiben. Die Musiker versteckten ihre Identitäten hinter großen Augenbällen und verwirrten seit ihrem Debut »Meet The Residents« von 1973 mit kühler, collagenhafter und möglichst emotionsloser Musik. Platte für Platte wurde die Popgeschichte von den *Residents* gründlich destruiert. Mit zynischen Coverversionen von »Hey Jude« und »Satisfaction« zerstörten sie die großen Mythen des Pop – ihre Platte »Third Reich'n'Roll« (1976) stellte die Unterhaltungsindustrie sogar in einen direkten Zusammenhang mit dem Faschismus. Es ging den *Residents* darum zu zeigen, wie leicht Pop als Instrument der Entmündigung eingesetzt werden kann und sich zur Flucht in die künstliche Welt der Stars anbietet. Als Punk und New Wave schließlich das Ruder in die Hand nahmen, wurden die *Residents* dann allerdings zu dem, was sie vehement kritisiert hatten – zu Stars.

»Malcolm McLaren spielte 1975 den Sex Pistols Dolls-Platten vor, so wie Sam Phillips zwei Jahrzehnte zuvor seinen neuen Rockabilly-Sängern alte Blues-Platten vorgespielt hatte. Ein von McLaren bemaltes und bei den letzten Gigs der Dolls aufgehängtes Transparent hielt die tote Zeit fest, der sie entkommen waren: ›WHAT ARE THE POLITICS OF BOREDOM?‹ Was ist die Politik der Langeweile?«

Greil Marcus:
Lipstick Traces. Von Dada bis Punk – Kulturelle Avantgarden und ihre Wege aus dem 20. Jahrhundert. Hamburg 1992

Artrock und Glam sind beide auf ihre Art künstliche Konzepte gewesen. Während die einen der verfeinerten Kunstmusik nachstrebten, hielt Glam der Popdekadenz den Spiegel vor.

Saturday Night Fever

Disco-Musik stand im krassen Gegensatz zu den verstiegenen Konzepten der Rockmusik. Als rein funktionale Musik ging es ihr vor allem darum, auf der Tanzfläche zu wirken.

Die Discothek als exklusiver Ort

Bereits Ende der Sechziger, als Woodstock die Schlagzeilen beherrschte, gab es zahlreiche Discotheken, die für viele Afroamerikaner und Homosexuelle der einzige Ort waren, eine »Community« frei von Rassismus und Diskriminierung zu erfahren. Aus dieser Zeit stammt die Tradition des Türstehers. Die Disco sollte einen Raum der Geborgenheit garantieren, in dem es möglich war, sich selbst so exzentrisch wie auch immer zu inszenieren, ohne Angst vor Übergriffen haben zu müssen.

>»Es herrschte starker Konkurrenzdruck. Wer sieht am tollsten aus, wer tanzt am besten, am aufreizendsten? Es wurde kaum geredet, die Musik war zu laut. Ich glaube, die meisten gingen überhaupt nur aus, weil sie sich verstecken wollten.«
>
> Ehemalige Discogängerin in: Engelbrecht/Boebers: Licht aus – Spot an! Musik der 70er Jahre. Essen 1995

Bevor es, vor allem durch den 1977 entstandenen Film »Saturday Night Fever«, zur großen Disco-Welle kam, repräsentierten Discotheken Orte äußerster Exklusivität. Es gab Discotheken, die unterdrückten Minderheiten einen Freiraum garantierten, aber auch als exklusive Adresse einer gesellschaftlichen Elite. Das 1977 eröffnete »Studio 54« in New York war ein solch elitärer Ort. In dem fünfstöckigen Bau fanden mehr als tausend Besucher Platz, doch die Türsteher prüften genau, wer auserwählt war, diesen Tempel des Glitzer und Glam betreten zu dürfen. Zu den Stammgästen gehörten Prominente wie *Andy Warhol, Liza Minelli, Grace Jones* und *Mick Jagger.* Die Exklusivität des Ladens sorgte dafür, dass sich hinter seiner Tür eine eigene Welt eröffnete. Wichtiger als die Musik waren die optischen Effekte, das irritierend irreale Licht und vor allem die Besucher selbst. Jeder einzelne Gast war Teil der Inszenierung und gestaltete sich selbst als eine Art Kunstwerk. Ging es bei der Rockmusik darum, auf Konzerten die Stars zu bewundern, konnte sich in der Disco jeder selbst zum Star machen und den eigenen Körper in den Mittelpunkt stellen.

Disco-Musik war anfangs auf den tanzbaren Beat ausgerichtet. Songtexte spielten daher keine große Rolle und waren auf das aufpeitschende »Let's Dance« reduziert. So liefen beispielsweise auch in schwulen Discotheken häufig Hetero-Hits wie »Sex Machine« von *James Brown*, »I Will Survive« von *Gloria Gaynor* und »Stayin' Alive« von den *Bee Gees*. Erst mit *Village People* und *Divine* erhielten die Discotheken ihre offen schwulen Acts. Die Thematisierung von Homosexualität wurde seitdem zum festen Bestandteil der Tanzmusik, fortgeführt von *Bronski Beat*, *Culture Club* und *Soft Cell*. »Relax« (»don't do it when you wanna come«) von *Frankie Goes To Hollywood* wurde schließlich zum ersten weltweiten Hit, in dem ganz unverblümt vom Genuss des Analverkehrs die Rede war.

Tanzen als dramatische Inszenierung

»Saturday Night Fever« und die Folgen

Der Film »Saturday Night Fever«, über den *John Travolta* mit einem Schlag berühmt wurde, zeigte, wie die Discothek für Menschen, die im täglichen Leben nur Erniedrigung erfuhren, zu einem Ort der Selbstverwirklichung werden konnte. Der Film erzählt die Geschichte des 19-jährigen Angestellten Tony Manero, Sohn italienischer Einwanderer, der aus armen und zutiefst katholischen Verhältnissen stammt. In Beruf und Familie ist Manero eine Null, doch auf der Tanzfläche wird er zum King, von den anderen Jungs bewundert und von den

»Travolta war wie Manero ›fleischgewordene Spray-Ästhetik, parfümierter Proletkult‹.«

Georg Mühlenhöver: Phänomen Disco. Köln 1999

Mädchen angehimmelt. Im Tanz gestaltet er seinen Körper als Kunstwerk, das der alltäglichen Unterdrückung trotzt.

Die Idee, dass der Körper sich auf der Tanzfläche von allem Leistungsdruck befreit und dass Hierarchien unterm alle vereinenden Beat aufgelöst werden, ist in »Saturday Night Fever« allerdings bereits aufgegeben worden. Der Film hat jedoch den Freiraum, den die Disco einmal für Afroamerikaner und Schwule darstellte, auf die Lebenssituation der unteren Mittelschicht übertragen und sprach damit ein großes Publikum an. Was einmal als Außenseiter-Kultur entstand oder aber privilegierter Ort der High Society war, konnte sich so zur beliebtesten Freizeitbeschäftigung der unteren Schichten ausdehnen. Disco war nun kein künstlich geschaffenes Paradies mehr. Im Gegensatz zu allen Subkulturen, die sich von der Gesellschaft abgrenzten, gewährte die Disco-Kultur einen Ort völliger Normalität.

Schwulenszene:
Holly Johnson

»Folter für Travolta«

Ab Ende der siebziger Jahre zogen sich Discotheken wie ein dicht gesponnenes Netz über alle Industrieländer. Selbst ländliche Gegenden wurden von fahrenden Discotheken bedient, mit Lastwagen, die DJ-Pulte und Lichtanlage jeweils vor Ort, in Bürgerzentren oder Turnhallen installierten. Die Jugend in der Provinz nahm es dankbar an.

Ab diesem Zeitpunkt setzte aber auch eine massive Kritik an der Disco-Welle ein. Obwohl sich Punks und die Spätformen der Hippies nicht mochten, waren sie sich doch in einem Punkt einig: Es gibt nichts Schlimmeres als Disco-Musik. »Folter für Travolta« sang die Hippie-Landkommune *Checkpoint Charlie*, »And I hate modern music – Disco Boogie and Pop« hieß es bei der Punkband *The Buzzcocks*. Mit Disco-Musik verbanden die Gegner das Ende jeglicher Subkultur im Pop, den Siegeszug einer bloßen, von allen Inhalten losgelösten Freizeitbeschäftigung, apolitische Spaßkultur und einen großartigen Trick der Plattenindustrie, den Leuten mit völlig oberflächlichen »Dance«-Parolen das Geld aus der Tasche zu ziehen.

Viele Argumente, die in den neunziger Jahren gegen Techno geäußert wurden, sind bereits in den Siebzigern gegen *Travolta* und den Boom um das »Saturday Night Fever« zu verzeichnen: ›Stumpf‹, ›angepasst‹ und ›kommerziell‹ waren die gängigen Vorwürfe. Die kommerzielle Seite der Disco als Vergnügungsstätte, in der weiße Heterosexuelle ›die Sau rauslassen‹ können, hat sich bis heute gehalten. Zugleich haben verschiedene Bewegungen innerhalb der House- und Techno-Szene immer wieder die ursprüngliche Idee von Disco hervorgehoben und neu belebt. So wie die ersten Discos in den Sechzigern in leer stehenden Fabrikhallen, Garagen oder Lagerhäusern entstanden sind, also oft illegale oder provisorische Orte waren, suchte auch die Techno-Subkultur wieder Gebäude aus, die den Charme des Improvisierten ausstrahlten.

»Disco war keine Gegenkultur und nur bedingt Jugendkultur. (...) Der Disco-Lebensstil befahl zwar, auf keinen Fall älter zu werden (die Hauptsorge von Travolta in ›Saturday Night Fever‹). Ansonsten wurde aber auch das Ideal einer reifen, erwachsenen Eleganz angestrebt, eine ziemlich exakt gezeichnete Vorstellung von Abendgarderobe und High Society ausgelebt.«

Tom Holert: Über die Rekonstruktion von Disco. In: Kemper/Langhoff/Sonnenschein: »...but I like it«. Jugendkultur und Popmusik. Stuttgart 1998

Discotheken entstanden aus der schwarzen und homosexuellen Subkultur heraus. Die tanzbare, spaßbetonte Musik hatte allerdings so viel kommerzielles Potential, dass aus ihr Ende der Siebziger eine Massenbewegung wurde.

Punk. Die Rebellion der neuen Einfachheit

Punk begann ganz unspektakulär in einem Modegeschäft namens »Sex« auf der Londoner King's Road. Dass von dort aus einer der heftigsten Umbrüche stattfinden sollte, die die Popgeschichte je erfahren hat, konnte anfangs noch niemand ahnen.

Die Idee des Punk

»Wir wollten eine Situation schaffen, in der es Jugendliche weniger interessiert Platten zu kaufen, als sich selbst auszudrücken.«

Malcolm McLaren, zit. n. Greil Marcus: Lipstick Traces. Hamburg 1992

Der Punkrock als musikalische Stilrichtung hatte seine Vorläufer in amerikanischen Glamrock-Gruppen wie den *Stooges* und *The Ramones*. Als Idee entstand er jedoch 1975 in einer Londoner Boutique. *Malcolm McLaren*, seit 1968 Sympathisant linksradikaler Künstlergruppen, verkaufte dort extravagante Klamotten der Modemacherin *Vivienne Westwood*. Die Kleider waren Ausdruck einer Ästhetik, die nichts mit dem Schlabber-Look der Hippies gemeinsam hatte. *McLaren* wollte allerdings nicht sein Leben lang von Mode leben. Er träumte vielmehr davon, eine Band zu kreieren, die seinen Vorstellungen von politischem Anarchismus und Anti-Ästhetik entsprach. Deren Name – *The Sex Pistols* – war schon gefunden, es fehlte allerdings noch an den entsprechenden charismatischen Musikern. Eines Tages, so lautet die Legende, kam der junge *John Lydon* in den Laden. Er trug ein *Pink Floyd*-T-Shirt, auf das er mit dem Filzstift »I hate« über das Bandlogo geschrieben hatte. *McLaren* spürte, dass dieser Junge dieselbe Wut auf die harmlos vor sich hin dümpelnde Rockkultur der Siebziger hatte wie er selbst, und engagierte *Lydon*, der künftig *Johnny Rotten* heißen sollte, als Sänger der *Sex Pistols*. Was folgte, war eine erstaunliche Chronik von Übermut, Skandal und Erfolg.

Die *Sex Pistols* selbst sind dabei nur die Speerspitze einer großen Bewegung gewesen, zugleich aber auch eine Gruppe, in die ihr Manager *Malcolm McLaren* eine ganze

The Clash
The Clash
CBS, 1977

Philosophie zu legen verstand. »The Great Rock'n'Roll Swindle« nannte sich der 1978 erschienene Spielfilm über die *Sex Pistols*, in dem *McLaren* seine Strategie erklärte, einen Haufen Müll als die große neue Rebellion zu verkaufen. Dieser »Müll« namens Punk gab einer ganzen Generation von Jugendlichen ein neues Selbstbewusstsein.

> »I am an antichrist. I am an anarchist.
> Don't know what I want,
> But I know how to get it.
> I wanna destroy – boxer boy
> cause I want to be an anarchist.«
>
> Anarchy for the U.K.
> theres goning to be some time and maybe
> and whenever our types stop traffic line
> and a future dream is a speakers lie.
> I wanna be an anarchist.«
>
> The Sex Pistols: »Anarchy In The U.K.«

Faszination Punk

Das Verführerische an Punk war seine musikalische Einfachheit und sein demokratisches Postulat, dass jeder, der etwas zu sagen hatte, eine Band gründen konnte. So entstand ein buntes Durcheinander an neuen Bands, deren kleinster gemeinsamer Nenner neben der rauen, ungeschliffenen und meist dilettantischen Musik der war, dass sie ihre eigene Lebenswelt thematisierten. Nachdem Art Rock sich über Jahre in Fantasy-Welten aufgehalten hatte und die Disco-Musik nur von Tanz und Liebe schwärmte, war in den Punk-Songs plötzlich von Themen wie Arbeitslosigkeit, sexueller Frustration und Hass auf die Mächtigen die Rede.

Die Flut an neuen Bands hatte auch die großen Plattenfirmen überrollt, die anfangs noch versuchten, den Überblick zu bewahren und möglichst viele Newcomer unter Vertrag zu nehmen. So sind fast alle wichtigen Punkbands der ersten Stunde – *The Clash*, *The Buzzcocks*, *The Damned* und selbstredend auch die *Sex Pistols* – auf großen Labels wie »EMI«, »Island« und »Virgin« untergekommen. Sehr schnell aber brachte die Punkszene eigene Strukturen und Kommunikationswege hervor. Die Fanzines, von Insidern herausgegebene, kopierte Hefte, informierten schneller und gewissenhafter als die kommerziellen Musikmagazine. Vor allem *Crass*, eine 1977 in London gegründete, extrem politische Band, formulierte den »Do it yourself«-Gedanken, der für die kommenden Jahre die Punkszene bestimmen sollte: Um politisch

> »In den besten Punk-Singles herrscht das Gefühl vor, was gesagt werden muss, müsse sehr schnell gesagt werden, weil die erforderliche Energie und der Wille, es zu sagen, sich nicht lange beibehalten ließen. (...) In dem Risikohaften, das im Punk mitschwingt, liegt ein Misstrauen gegen den Punk-Moment: Der Wille, alles zu sagen, verbunden mit dem Verdacht, das alles könnte eventuell gar nichts wert sein.«
>
> Greil Marcus: Lipstick Traces. Hamburg 1992

Sid Vicious & Nancy Spungen. 1978, im New Yorker Chelsea Hotel, tötete Sid seine Freundin im Drogenrausch. Nur vier Monate später starb auch er.

glaubwürdig gegen den Kapitalismus zu agieren, forderten sie, müsse man sich auch strukturell gegenüber den großen Firmen verweigern. *Crass* veröffentlichten ihre Platten auf einem eigens gegründeten Label – eine Idee, die Schule machte und hunderte von unabhängigen Plattenverlagen folgen ließ.

Anarchie war einer der wichtigsten Slogans der ersten Punkgeneration und bereits im *Sex Pistols*-Song »Anarchy In The U.K.« als Hymne verewigt. Anarchie bedeutete, sich gegenüber jeglicher staatlichen und gesellschaftlichen Autorität zu emanzipieren und einfach das zu tun, was einem Spaß macht – »Be yourself«. In den besten Momenten entstand mit diesem »Be yourself« eine sehr tolerante Atmosphäre. Punk wollte nicht nur den Unterschied zwischen Publikum und Musikern überwinden, sondern auch den von Hautfarbe und Geschlecht. Gruppen wie *The Clash*, *The Ruts* und die *Stiff Little Fingers* verarbeiteten Reggae-Elemente, um zumindest symbolisch darauf hinzuweisen, dass es sich bei Punk um keine dezidiert weiße Kultur handelte – obwohl sie es doch de facto gewesen ist. Auch war der Anteil an Musikerinnen außergewöhnlich hoch, selbstbewusst und aggressiv thematisierten sie ihre Rolle in der Gesellschaft und sexuelle Stereotypen. »I'm A Clichee« von *X-Ray Spex* ist dafür ein besonders schönes Beispiel.

»If the kids are united«

Die enorme Wirkung des Punk erklärt sich aus zwei Ursachen. Zum einen hatte die Popkultur seit beinahe zehn Jahren nichts mehr mitzuteilen, was sich irgendwie mit der realen Lebenswelt verband, zum anderen waren die Jugendlichen durch die hohe Arbeitslosigkeit in England radikalisiert – Punk bot sich als ideales Sprachrohr an, um sich Gehör zu verschaffen und jene existenzielle Angst auszudrücken, die mit »No Future« ihren berühmtesten Slogan fand.

Die Geschichte des Punk verlief allerdings nicht harmonisch. Immer wieder kam es zu Schlägereien zwischen Punks und Skinheads, obwohl sich Punks und Skins anfangs noch als einheitliche Bewegung der Arbeiterklasse begriffen. »If the kids are united« sangen deshalb *The Sham 69* – ein Song, der dazu aufrief, sich endlich wieder zusammenzuraufen und gemeinsam gegen den Rest der spießigen Gesellschaft zu rebellieren. Innerhalb der Skin-Bewegung waren allerdings bereits Mitte der Siebziger einzelne rechte Gruppierungen aufgekommen, deren Arbeiterstolz sich gegen Ausländer und die als dreckig und arbeitsfaul empfundenen Punks richtete.

Erste Verfallserscheinungen zeigte der Punk aber schon kurz nach seinem Entstehen. Mit Gruppen wie *Exploited*, die auf einen fahrenden Zug aufgesprungen waren, wurde Punk zu einem Saufkult, der vielen Punks gerade nicht aus der sozialen Misere verhalf, sondern sie nur noch tiefer nach unten zog: »Be yourself« reduzierte sich da häufig nur noch auf bunte Haare, Kohle schnorren und den Stolz, Alkoholiker zu sein.

Gute Punkmusik gibt es aber bis heute. Immer wieder formieren sich Bands in der Tradition von *Crass*, die Mut machen, in Anarchie nicht nur Pogo und Suff zu sehen, sondern für die Durchsetzung der eigenen Interessen auch den Kopf zu benutzen.

»Ich bin elf Jahre alt, und als ich diese Menschen mit Sicherheitsnadeln in den Nasen im ›Mirror‹ sah, wurde mir übel. Wenn ich sie sehen würde, dann würde ich ihnen erzählen, wie gefährlich es ist, und wie blöd es aussieht. Julie Hynes, Mansfield, Notts. Daily Mirror, 8. Dez. 1976.«

Fred & Judy Vermorel: Sex Pistols – Anarchie im U.K. Augsburg 1996

Punk wollte die Gesellschaft radikal in Frage stellen. Deshalb war er für viele so attraktiv.
Linksintellektuelle sahen in ihm eine neue Kunstform in der Tradition des Dadaismus, für andere dagegen war »No Future« idealer Vorwand, ihr Leben zwischen Hunden und Bierdosen in der Fußgängerzone zu verbringen.

Von New Wave zu No Wave

Der Unterschied von Punk zum New Wave, der neuen Welle, bestand vor allem darin, dass Punk sich ein rau proletarisches Image gegeben hatte, New Wave dagegen wesentlich intellektueller auftrat.

»Neue Welle« zwischen Art School und Agit-Pop

Die meisten New-Wave-Bands entstanden in der Tat unter Kunststudenten, die mit einer ähnlichen Motivation gegen den elitären Betrieb der Bildenden Kunst ankämpften, mit dem auch die Punks sich gegen die verknöcherte, realitätsferne Hippie-Ästhetik in der Rockmusik gewandt hatten. Punks und Waver konnten sich nicht ausstehen, weil sie verschiedenen sozialen Milieus entstammten, inhaltlich jedoch waren sie sich so nahe, dass es oft schwer fällt, gewisse Bands überhaupt einer dieser beiden Stilrichtungen zuzuordnen.

Gruppen wie *Wire* und *Gang Of Four*, zwei der interessantesten Phänomene, die Englands Musik in den siebziger Jahren hervorgebracht hat, besaßen – zumindest anfangs – die Energie und Wut des Punk. Sie bemühten sich allerdings, nicht einfach nur ihrem Hass freien Lauf zu lassen, sondern eine politisch argumentative und künstlerisch reflektierte Musik zu liefern, die eben nicht – wie es bereits bei einigen Punkbands der Fall gewesen war – auch von Rechten vereinnahmt werden konnte. Auf der anderen Seite wundert es nicht, dass viele Punks auf das Wort »Konzept«, das den New Wave verband, gereizt reagierten. Schließlich wollte Punk ja alles, was mit Kunst und Konzept zu tun hatte, ein für allemal von der Bühne verbannen. Dabei ging es beiden Strömungen doch vor allem um eines: Die Entfremdung zu thematisieren. Punk glaubte, dass es das Beste sei, einfach von der Bühne zu schreien, was einem gerade durch den Kopf ging.

> »New Wave war ja nur ein Notbegriff für alles, was damals neu war, aber doch nicht wie Punk klang. Damals gab es sehr viele Bands, die gegen alle musikalischen Konventionen verstoßen wollten. Gegen die Konventionen von Rock und Pop, aber auch gegen die Konventionen von Punk. Es war das totale Experiment.«
>
> David Tomas/Pere Ubu im Gespräch mit dem Autor 1993

Im New Wave dagegen wurde das Entfremdete, die ma-
schinelle Kälte durchgängig zum musikalischen Element. Ein frühes Beispiel für eine solch verstörende
Wave-Ästhetik ist die amerikanische Band *Devo*, deren
Mitglieder uniform als Roboter auftraten. Im Gegensatz
zu *Kraftwerk* wurde bei *Devo* jedoch nicht die neue Technik
ästhetisiert, sondern die totale Kommunikationslosig-
keit dank neuer Technologien vor Augen geführt. Im
Devo-Song »Mongoloid« wird beispielsweise beschrieben, wie ein Mongoloider sein Tagwerk verrichtet, ohne
dass irgendwem auffällt, dass er anders, nämlich mongoloid ist. »Mongoloid«, um bei diesem Beispiel für einen typisch kühlen, analytischen Wave-Song zu bleiben,
ist kein bisschen behindertenfeindlich gewesen, sondern war eher Ausdruck dafür, wie es in einem Satz des
Philosophen *Theodor W. Adorno* heißt, dass es »kein richti-
ges Leben im Falschen« gibt. Wo eine Gesellschaft nur
noch über Rituale abläuft, in denen das Verhalten auf der
Arbeit und in der Freizeit genau festgeschrieben ist, reduziert sich Kommunikation nur noch auf angelernte
Verhaltensmuster – zum Großteil auf Codes, die nicht
zuletzt über die Moden des Pop entstanden sind.

Devo
Hardcore Vol. 1 74–77
Ryko, 1990

»Wir beschäftigen uns
mit den fundamentalen
Problemen, in denen
sich die Menschen be-
finden: Sie wissen nicht,
wovon sie reden, aber
sie müssen so tun, als
wüssten sie, wovon sie
reden, denn sie halten
sich für wichtig.«

Devo, zit. n. Rock Session
Nr. 4. Reinbek 1980

New Wave oder Punk

Überspitzt könnte man sagen, dass Punk und New Wave noch einmal den alten *Beatles/Stones*-Streit auf höchst politisierter Ebene wiederholten. Punk glaubte in *Stones*-Tradition, dass es genügen würde, der entfremdeten Gesellschaft mit herausgestreckter Zunge zu begegnen, mit dem bloßen Lustprinzip, allen Frust direkt und lautstark rauszulassen. New Wave dagegen hat sich ähnlich wie die *Beatles* ab »Sgt. Pepper's« in Sachen Rock und emotionaler Direktheit eher zurückgenommen, arbeitete verhaltener und damit musikalisch oft auch origineller.

Im Umkreis von *Adrian Sherwood*, einem einflussreichen Musiker und Produzenten, kam beispielsweise inmitten der Londoner Hausbesetzerszene Ende der Siebziger eine Gruppe von Musikerinnen und Musikern zusammen, für die musikalische Dissidenz darin bestand, nicht nur Anarchie zu predigen, sondern auch eine musikalische Formensprache zu finden, die sich jeglicher Vereinnahmung – sei es durch Rechte wie auch durch den kommerziellen Popbetrieb – entzog. Innerhalb dieser Szene entstand eine der verstörendsten britischen Wave-Bands – *The Pop Group*. Der Name war insofern Programm, als dass ihre Musik nichts mit Pop im Sinne von »populär« zu tun hatte: Die Band vermischte Funk, Freejazz, Punkrock und Reggae und versuchte, politische Unzufriedenheit in aufpeitschende Atonalität umzusetzen. Auch *Gang Of Four*, eine Gruppe von marxistischen Studenten, verarbeitete die gesellschaftliche Funktion der Popkultur in bissigen Texten. Ein Stück wie »At Home He's A Tourist« auf ihrer Platte »Entertainment« von 1979 war komplexe Sozialkritik, wie sie der häufig zu Parolen neigende Punk nur selten hinbekam. Weil in dem *Gang Of Four*-Song das Wort »rubber« (Kondom) vorkam, boykottierten die Radiostationen die Nummer – ein fadenscheiniger Vorwand, der die eigentliche Provokation von *Gang Of Four*, ihre scharfe Kritik gegenüber den kommerziellen Medien, verschleierte.

No Wave

In New York bildete sich eine ganz spezielle Form des New Wave heraus, deren bekannteste Vertreter die *Talking Heads* gewesen sind. Sie kleideten sich wie Bankangestellte und thematisierten in ihrer unterkühlten Musik die völlige Oberflächlichkeit und den Materialismus des Yuppie-Daseins, das zu jener Zeit in New York grassierte. »I hate people when they are not polite« (»Ich hasse Leute, die nicht fein sind«), lautet eine Zeile im *Talking Heads*-Song »Psycho Killer«. Selbstredend sind die *Talking Heads* keine Yuppies gewesen, sondern deren bitterböse Parodie.

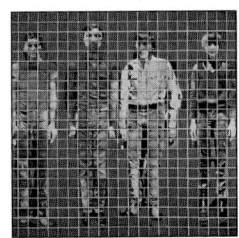

Talking Heads
More Songs About
Buildings And Food
Sire, 1978

Brian Eno stellte 1977 den »No New York«-Sampler zusammen, der einen Überblick über die neue musikalische Szene in New York geben sollte. Die Musik auf dem Sampler war so irritierend wütend und atonal, dass die New Yorker Szene eine ganz eigene Stilbezeichnung bekam: No Wave. Der unbestrittene König des No Wave war *James Chance*, der mit seiner Band *The Contortions* eine raue Mischung aus Funk und Jazz aufspielte. *Contortions*-Musik war Totalverweigerung und ein Ausdruck von Ekel gegenüber Kommerz und Oberflächlichkeit.

Die inhaltliche Radikalität und die musikalische Experimentierfreude früher New-Wave-Bands wie den *Contortions*, *This Heat*, den *Raincoats* und *Pere Ubu* hielt sich nur kurz. Mit Gruppen wie *Bauhaus* entwickelte sich New Wave schrittweise von einer provozierenden Gesellschaftskritik zur neuen Innerlichkeit, aus der in den achtziger Jahren die New Romantics und die Dark-Wave-Szene hervorgingen.

»Manche wollen wissen, warum wir nicht wie eine der üblichen Rock'n'Roll-Gruppen sind, warum wir die Leute nicht zum Mitklatschen animieren und ihnen angenehm die Zeit vertreiben, dazu kann ich nur sagen: Wir sind keine tanzenden Bären. Wir sind kein Circus.«

Wire, zit. n. Rock Session Nr. 4. Reinbek 1980

Die kühle und distanzierte Formensprache des New Wave eignete sich sehr gut, das Popgeschäft selbst kritisch zu thematisieren. Mit seinen Synthesizer-Experimenten setzte New Wave aber auch Impulse für den kommerziellen Pop der Achtziger.

Hör mit Schmerzen

Provokation wurde seit Punk groß geschrieben, oft auch unüberlegte Provokation um ihrer selbst willen. In Sachen Schock und Anti-Ästhetik ist jedoch niemand weiter gegangen als die alles negierende Industrial-Bewegung.

Die Apokalyptiker

»Ich weiß nicht, wieso es plötzlich für eine Gruppe, die Musik macht, indiskutabel sein soll, Dinge zu erwähnen, wie sie sonst überall in den Medien gang und gäbe sind. Warum gehört es sich nicht für jemand mit 'ner Gitarre, Zyklon B oder Gewalt zu erwähnen oder zu diskutieren, oder einfach mal darauf hinzuweisen oder die Leute dran zu erinnern? Und wie sich zeigt, ist das ganz gut, wenn eine Sache noch einen gewissen Überraschungseffekt hat – denn die Leute sind es nicht gewöhnt, dass ihnen Musik etwas über die Realität sagt, denn normalerweise kennen sie Musik nur als Flucht aus der Wirklichkeit.«

Genesis P. Orridge/ Throbbing Gristle in: Hartmann/Pott (Hg.): Rock Session 6. Reinbek 1982

Das Hakenkreuz-T-Shirt von *Sex Pistols*-Bassist *Sid Vicious* sollte Spießer schocken und trug dazu bei, dass Punk auch rechts ausgelegt werden konnte. *Throbbing Gristle* aus Manchester, Namensgeber der Bewegung, trieben es jedoch auf die Spitze: Die Band benutzte alles, was nach Tabu roch, von faschistischen Symbolen über Serienmörder, von Pornographie bis zu Selbstverstümmelung. Das Logo ihres Labels »Industrial Records« war der Verbrennungsofen von Auschwitz. In Interviews wurden *Throbbing Gristle* allerdings nicht müde zu betonen, dass ihre Musik aus einer linken Tradition stammt, ja, sie wollten sogar als eine Art musikalische Baader-Meinhof-Guerilla in die Popgeschichte eingehen. Ziel ihrer Auftritte zu sägenden Synthesizer-Klängen und Tonband-Collagen war es, das kollektiv Verdrängte der spätindustriellen Gesellschaft über eine Art Lärm-Ritual ins Bewusstsein zu rufen. Über die krasse Darstellung von Gewalt und Sexualität sollten nicht nur Tabus gebrochen, sondern erstmals auch existenzielle, verstörende Dinge im Pop thematisiert werden.

Zwischen 1976 und 1980 entstanden weitere Bands, die sich Industrial zugehörig fühlten. Und das hieß: Neben Synthesizern, die häufig so umfunktioniert wurden, dass sie nur noch Störgeräusche lieferten, benutzten die Bands nahezu alles, was Lärm machte – bevorzugt Blech, Stahl und Schrott. Die deutschen Vertreter der Industrial-Musik waren die *Einstürzenden Neubauten* aus Ber-

lin. »Kollaps«, ihr 1980 erschienenes Debut mit dahingeschleuderten Slogans
wie »Ich steh auf Viren – ich
steh auf Zerfall« enthielt
kaum noch konventionelle Instrumente. Presslufthammer und jede Menge
Baustellen-Schrott wurden
allerdings rhythmisch so

Einstürzende
Neubauten

gekonnt eingesetzt, dass die Platte entfernt Songstrukturen erkennen lässt.

Industrial war eine wütende, internationale Bewegung, die auch Musiker in Australien (SPK) und Japan
(Merzbow) auf den Plan rief. Die Einflüsse dieser kleinen
Szene, in der sich nahezu alle Musiker kannten, gingen
vor allem auf die provokanten historischen Avantgarden,
auf Dada, Futurismus und Surrealismus zurück. Die
Industrial-Band Cabaret Voltaire benannte sich nach dem
Gründungsort des Dadaismus, Nurse With Wound benutzte Motive von Kurt Schwitters als Coverdesign und übertrug das künstlerische Prinzip der Collage auf die Musik.
An Industrial lässt sich zugleich ablesen, wie stark die
Interpretation subkultureller Erscheinungen vom sozialen und historischen Kontext abhängig ist. In den
Siebzigern waren die Musiker eingebettet in eine junge,
nihilistische, aber dem Selbstverständnis nach linke
Subkultur. In den kommenden Jahrzehnten jedoch ist
deren Schockästhetik häufig missbraucht worden. So
manche Band, die sich nachträglich zur Industrial-Familie zählte – Death In June beispielsweise –, rückte ins
offen rechte Lager.

»Für mich ist jetzt
Untergangszeit, die
Endzeit – endgültig.
Das läuft noch drei oder
vier Jahre, dann ist's
vorbei. Da gibt's bei
mir nix. Untergang ist
Untergang.«

Blixa Bargeld/
Einstürzende Neubauten
in: Döpfner/Garms (Hg.):
Neue deutsche Welle.
Kunst oder Mode? Frankfurt a.M. 1984

**Was einmal als agitatorische ›Musik-Guerilla‹ begann,
ist inzwischen beim martialischen Männlichkeitswahn
von Gruppen wie Rammstein angekommen. Diese
Entwicklung zeigt, wie beliebig verwendbar die
Symbolik im Pop immer schon gewesen ist.**

Neue deutsche Welle und »geniale Dilletanten«

Anfang der Achtziger hatte die neue Einfachheit des Punk auch Deutschland erreicht. Von Blödelei über Schlager-Revival bis hin zu schrägem Lärm war für ein paar Jahre alles erlaubt.

Die Spaßabteilung für die Hitparade

»Dilletantismus auf musikalischen (aber auch allen anderen möglichen) Bereichen hat nichts mit Stillstand durch Nicht-Professionalität zu tun – ganz im Gegenteil – Entwicklung unter Einbeziehung aller möglichen und angeblich unmöglichen Bereiche, kann ein universellen Ausdruck finden, dem die Profis hilflos unterlegen sind.«

Wolfgang Müller: Geniale Dilletanten. Berlin 1982

Unter dem Etikett »Neue deutsche Welle« schafften es einige Bands sogar in die Charts. Neben originellen Nummern, die auf ihre Art die neue Frechheit des Punk übernommen hatten, zum Beispiel »Hurra, hurra, die Schule brennt« von *Extrabreit*, ist ein Großteil der kommerziellen NDW nichts weiter als eine Renaissance des Schlagers gewesen. Dass *Markus*, *Nena* und die *Spider Murphy Gang* in der Hitparade von *Dieter Thomas Heck* neben alten Schlager-Hasen wie *Jürgen Drews* und *Howard Carpendale* auftraten, war nur folgerichtig – dort gehörten sie auch hin. *Trio* waren mit »Da Da Da« wenigstens dermaßen banal, dass sie die Nation zu spalten verstanden und zu verstörten Reaktionen wie »Das ist doch keine Musik!« führten. Die meisten Musiker der NDW hatten allerdings nicht den Biss von Punk und New Wave, sondern die musikalische Harmlosigkeit der fünfziger und frühen sechziger Jahre übernommen, als die Mimi ohne Krimi nie ins Bett ging.

Lärm und Experimente

Es gab aber auch andere Ansätze. *Wolfgang Müller*, Musiker bei der Berliner Lärm-Combo *Die Tödliche Doris*, fasste sie unter den Begriff »geniale Dilletanten« – das Wort Dilettanten bewusst falsch geschrieben – zusammen. Damit waren Bands gemeint, die einfach drauflosspielten, ohne sich um ihr handwerkliches Können zu kümmern. Zwischen Kinderlied und selbst ernannter Avantgarde entstanden da schräge, kleine Pop-Perlen, häufig von Leuten (z. B. *Tom Dokoupil, Salomé* und *Walter Dahn*) eingespielt, die ursprünglich von der Bildenden Kunst her kamen. Bei Gruppen wie *The Wirtschaftswunder, Geile Tiere, Der Plan, S.Y.P.H., Din-A-Testbild* und *Freiwillige Selbstkontrolle* sind die albernen, wohlklingenden Bandnamen bereits Programm gewesen. In einer Art Neo-Dadaismus sollte auf witzige Art verstört und provoziert werden.

Wer da gestört werden sollte? Vor allem die friedensbewegten Relikte der 68er-Bewegung, die so genannten Ökos, Leute, für die ein Synthesizer an sich schon ›keine Musik‹ gewesen ist, weil er ja ›elektronisch‹ funktioniert. Die junge Künstler-Boheme war selbstverliebt und arrogant, trug enge, körperbetonte, meist schwarze Klamotten und erklärte den »bärtigen Kunstlehrer« zur Hassfigur schlechthin, zur alten Ästhetik, die ausgedient hatte. In Sachen Ablehnung wurde sich da auch mal im Ton vergriffen, etwa bei *D.A.F. (Deutsch Amerikanische Freundschaft)* aus Düsseldorf, deren »Tanz den Mussolini« eine heute nur noch schwer nachvollziehbare Provokation darstellte. Anderen jedoch, zum Beispiel den *Fehlfarben*, ist es für kurze Zeit musikalisch und textlich schneidend scharf gelungen, die Gefühle der jungen Generation auszudrücken. »Was ich haben will, das krieg ich nicht. Und was ich kriegen kann, das gefällt mir nicht«, heißt es auf der *Fehlfarben*-LP »Monarchie und Alltag« von 1980. Dieses Motto ist kennzeichnend für eine Generation, die mit dem politischen System in Deutschland ebenso unzufrieden war wie mit den defensiv gewordenen 68ern.

»Als flanierender Haufen hedonistischer Partisanen war es uns (...) zunächst einmal darum gegangen, die herrschende Innerlichkeit der sozialdemokratisch verdorbenen Siebziger in die Flucht zu schlagen, um daraufhin diejenigen falschen Achtziger, welche sich irrtümlich im Schulterschluss mit uns wähnten, nicht minder erbarmungslos zu diskreditieren. Das Ja zur modernen Welt erschien uns dabei vorübergehend als die denkbar größte Möglichkeit zu politischer Dissidenz.«

Thomas Meinecke von F.S.K. in: Mode und Verzweiflung. Frankfurt a.M. 1998

Die »genialen Dilletanten« wollten die gesellschaftliche Sattheit verstören, die Neue Deutsche Welle dagegen wurde zum Etikett für netten deutschen Pop, zu dem am Ende auch Oma und Opa schunkeln konnten.

Hardcore, Speedmetal, EBM, Crossover und vieles mehr

Das kreative Potential von Punk wurde in den USA erst zu Beginn der achtziger Jahre aufgegriffen. Daraus ging nicht nur ein neuer Stil, der Hardcore, hervor, sondern auch eine lebendige Independent-Szene.

Hardcore

»Hardcore ist Gedankenfreiheit. Es kommt nicht darauf an, welche Musik du machst, sondern dass du sie aus freien Stücken und mit Leidenschaft machst.«

Ian McKaye/Fugazi im Gespräch mit dem Autor, 1992

In den ausgehenden siebziger Jahren wurde die Geschichte des Pop vorwiegend von England aus geschrieben, zu Beginn der Achtziger richteten sich die Ohren wieder über den Ozean. Dort entstanden politische Bands wie die *Dead Kennedys*, lärmig monotone Gruppen in der Schnittstelle aus Punk und No Wave, die *Swans* und *Flipper* beispielsweise, aber auch Gruppen wie *Black Flag* und *Minor Threat*, die eine ganz eigene, rasend schnelle und metallische Variante des Punk spielten, Hardcore genannt.

Hardcore stellte das stilistisch vielfältige Sammelbecken der Generation dar, die für Punk zu jung gewesen war. Es war nicht nur eine Musikrichtung, sondern eine Subkultur, die sich weltweit über Kommunikationsmittel wie Fanzines austauschte und die verschiedensten politischen Utopien verhandelte. Unter dem Slogan »It's more than music« wurden da eigene Konzertorte, häufig autonome, also selbstverwaltete Zentren, mit ›korrekten‹ Eintrittspreisen bei Konzerten gegründet (überhaupt ist »korrekt« wahrscheinlich das am häufigsten gebrauchte Wort der Hardcore-Szene gewesen), Feminismus und vegane Ernährung waren zentrale Themen, lange bevor »political correctness« auch in den bürgerlichen Medien behandelt wurde.

Die neue Unübersichtlichkeit

Hardcore war nur eine unter zahlreichen Subkulturen und musikalischen Sub-Stilen, die aus dem Erbe von Punk, New Wave, Industrial und Hardrock hervorgegangen sind. Ständig wurden neue Stile geboren: Industrial wurde von Gothic, Dark Wave und von EBM, der Electronic Body Music, einer martialischen Tanzmusik, abgelöst, mit Grebo verhießen die Insider-Magazine für ein halbes Jahr die Wiederkehr des Biker-Rocks à la *Steppenwolf* (heute kennt kaum mehr jemand diesen Begriff), und selbst rund um Hardcore entstanden Mini-Stile und -Szenen wie Grindcore, Death- und Speed-Metal.

Stage-diving bei einem Konzert der Suicidal Tendencies

Nach Punk und New Wave kam es in der Rockmusik zu keinem weiteren Schub, der die komplette musikalische Entwicklung umkrempelte. Die vielen Mini-Stile sind vielmehr Ausdifferenzierungen gewesen, deren Reichweite im Vergleich zu dem, was die *Sex Pistols* einmal angezettelt hatten, eher gering war. Mit Ausnahme von HipHop gab es in den Achtzigern keine musikalischen Neuerungen, die ein breites Publikum ansprachen. Dies heißt aber nicht, dass es sich um ein musikalisch langweiliges Jahrzehnt gehandelt hätte, nur, dass die Reichweite außergewöhnlicher Musik geringer denn je geworden ist. Die interessanten Neukombinationen von Rock mit Funk oder Jazz, wie sie auf dem amerikanischen Independent-Label »SST« stattfanden, die Wiederentdeckung von Psychedelic- und Garage-Rock durch Bands wie *Dinosaur Jr.* und die *Butthole Surfers* und auch die Neuinterpretation von Folk, Rock'n'Roll und Blues durch *Nick Cave* & *The Bad Seeds*, *Camper Van Beethoven*, *The Violent Femmes* und *The Gun Club* sind allerdings Phänomene, die in den Achtzigern nur Insider erreichen konnten. Sogar melodischer Gitarrenpop mit eingängigen Melodien, wie ihn *The Smiths* und die *Go-Betweens* spielten, ist trotz kommerziellen Potentials nicht über Indie-Kreise hinaus bekannt geworden. Für Deutschland hieß das, dass man Fanzines und eine Zeitschrift wie »Spex« lesen musste, um die musikalische Entwicklung jenseits der Charts zu verfolgen.

Das MTV-Zeitalter beginnt

Die Achtziger waren nicht nur das Jahrzehnt, in dem die Indie-Labels mit ihren vielfältigen Stilrichtungen boomten, sondern auch das Jahrzehnt von MTV. Die Schere zwischen Mainstream und Underground klaffte dadurch wie nie zuvor auseinander. Alle Welt kannte *Madonna* und *Michael Jackson*, kaum jemand nahm jedoch Gruppen wie *Sonic Youth*, *Fugazi*, *Big Black* und die *Butthole Surfers* wahr.

Der Mainstream-Pop war übersichtlich und verlässlich; neben Newcomern wie *Nick Kershaw*, *Wham!*, *Aha* und *Duran Duran*, die alle dem typischen Synthiepop-Sound der Achtziger entsprachen, tummelten sich im Hitradio und auf MTV auch viele alte Bekannte, *Phil Collins* zum Beispiel, *Tina Turner*, *Dire Straits*, *Joe Cocker* – und die immer während en *Rolling Stones*. Obwohl diese ganze Palette so etabliert und fade wie der Bombast-Rock der Siebziger war und genauso wenig Themen ansprach, die Jugendliche interessierten, entstand keine einheitliche musikalische Gegenbewegung.

Crossover als Stilmix

Aus der Unübersichtlichkeit heraus entwickelte sich der Crossover. Dem Crossover, der musikalischen Kreuzung aus verschiedenen Popstilen, lag die Idee der Toleranz zugrunde, die Hoffnung, das sektiererhafte Nebeneinander von jugendkulturellen Szenen zu vereinen. Die bekannteste Crossover-Nummer dürfte »Walk This Way« von 1986 sein, eine Gemeinschaftsproduktion der Rapper *Run DMC* mit der Hardrock-Band *Aerosmith*. Dieses Stück war zwar nicht vordergründig politisch, doch es verhalf dem Rap auch bei weißen Kids zu einem enormen Erfolg und deutete an, dass stilistische Engstirnigkeit ähnlich wie Rassismus durch Ausgrenzung funktioniert. Andere Crossover-Bands wie die *Red Hot Chili Peppers* vermischten Funk, Metal, Pop und Rap, die *Beastie Boys* fanden zu einer so bislang nicht gehörten Mischung aus HipHop, Hardcore, Jazz und Bossanova. Der Crossover als Stilmix setzte neue Impulse, doch das Fatale bestand darin, dass Crossover selbst sehr schnell zu einem kommerziell verwertbaren Etikett wurde.

Henry Rollins

Obwohl Pop in den Achtzigern stilistisch so zerfahren gewesen ist wie in keinem Jahrzehnt zuvor, gab es eine sehr vielfältige Independent-Szene, die nachträglich zu entdecken für all jene, die daran nicht teilgenommen haben, sehr spannend sein dürfte. Viele der Künstler und Bands, die inzwischen zu Stars geworden sind – z.B. *Nick Cave, Sonic Youth, Henry Rollins* und *Dinosaur Jr.* – hatten in jener Zeit ihre kreative Hochphase. Aber auch im Mainstream-Pop fanden sich interessante Gruppen, zum Beispiel *Frankie Goes To Hollywood* und die *Pet Shop Boys*, Bands, die sehr zitathaft arbeiteten. Doch solch ein kommerzieller Pop, der sich in der beginnenden Videoclip-Ära als witzige, hintergründige Variante von Disco, Glam und Pop Art zu inszenieren verstand, ist leider die Ausnahme gewesen.

Madonna besang fröhlich die »Holidays«, Grindcore-Bands grunzten Texte über eklige Hautkrankheiten, Hardcore bekämpfte die Metzger-Innung, während über Rap die Bronx in den Mittelpunkt des Pop-Geschehens rückte. Keine Frage: Die Achtziger waren das Jahrzehnt der Kontraste.

HipHop

Wenn es einer Musik in den achtziger Jahren gelang, weltweit einen neuen Stil zu schaffen, der zugleich auch politisches Sprachrohr gewesen ist, dann war das Rap. Rap beendete die weiße Vorherrschaft im Pop endgültig.

»Ich hatte Spaß daran, Leute hochzunehmen, die Sachen verkündeten wie ›Ich mag keinen Rock. Ich mag keinen Latin.‹ Dann habe ich Mick Jagger gespielt: die Schwarzen und die Hispanics schmiss es buchstäblich um, sie tanzten wie verrückt. Ich: ›Ich dachte, du magst keinen Rock.‹ Sie: ›Lass mich zufrieden!‹ Ich: ›Du tanzt gerade zu den Rolling Stones.‹ ›Machst du Witze?‹ (...) Ich liebe es, Leute zu irritieren, die Musik katalogisieren.«

Afrika Bambaataa, zit. n. David Toop: Rap Attack. St. Andrä-Wördern 1992

Neuer Groove ...

Im einfachsten Fall besteht Rap aus einem Schlagzeug und rhythmischem Sprechgesang. Auf diese Weise spielten bereits die mit *Jimi Hendrix* befreundeten *Last Poets* Ende der sechziger Jahre Platten ein, die als Keimzelle des Rap gelten können. Sie trugen lange, lediglich mit Percussion begleitete, politische »Black Power«-Texte vor. Als neuer Stil boomte Rap allerdings erst zu Beginn der achtziger Jahre, als Discjockeys (kurz: DJ's) wie *Grandmaster Flash* und *Afrika Bambaataa* entdeckten, dass man den Plattenspieler nicht nur zum Abspielen, sondern auch als Instrument benutzen kann. Zu den Texten des MC (Master Of Ceremony) wurde die Hintergrundmusik meist ausschließlich von zwei Plattenspielern gestaltet. Während einer der Apparate normal durchlief, war beim anderen der Motor ausgeschaltet. Der DJ bediente den Tonarm manuell. Das dadurch erzeugte kratzende Geräusch wird Scratching genannt.

Afrika Bambaataa, 1988

Obwohl Rap mit wenig Instrumenten auskommt, lässt sich die Musik endlos variieren. Indem Schallplatten das musikalische Ausgangsmaterial des DJ's sind, kann bereits vorhandene Musik in zahllosen Varianten und Kombinationen zitiert, kombiniert und verfremdet werden. Während die Texte häufig ein »Dissing« anstimmen (»Feinde« öffentlich bloßstellen und soziale Missstände benennen), haben die Zitate des DJ's meist »Credit«-Funktion, zitieren Vorbilder, auf die man sich positiv beruft. Über dieses

Miteinander von »Dissing« und »Credits« schuf Rap das Verständnis einer eigenen »Community« und verdeutlichte den Hörern, wer zur eigenen Gemeinde gehörte und wer nicht.

...und sehr viel Botschaft

Die eigene Gemeinde, das waren die unterprivilegierten Schwarzen in Stadtteilen wie der South Bronx in New York. Bereits frühe Rap-Gruppen wie die *Sugarhill Gang* und *Grandmaster Flash* thematisierten die Problematik solcher Viertel, die sie selbst als »The Ghetto« bezeichneten. Mangelnde Schulbildung, Gewalt und Drogen bestimmten dort den Alltag. Aus diesem Ghetto zu entkommen, war – und ist – für die meisten Jugendlichen, die in solche Verhältnisse hineingeboren sind, beinahe unmöglich. Rap wollte dem gegenüber eine positive Bewegung darstellen, eine, die nicht nur den Notstand thematisierte, sondern die der Gewalt und Selbstzerstörung eigene kulturelle Ausdrucksformen entgegensetzte. Über die musikalischen Zitate wurde ein Bewusstsein dafür geschaffen, dass es bereits eine lange Tradition der »black community« gab, für deren Interessen es zu kämpfen lohnte. Rap beschränkte sich dabei nicht nur auf die ursprünglich in Hinterhöfen und auf Sportplätzen aufgeführte Musik. Mit Graffiti-Kunst, Breakdance und Skateboarding entstand eine vielfältige Szene, die den Oberbegriff HipHop trägt.

Während die vornehmlich von Weißen gespielte Rock- und Popmusik in den achtziger Jahren inhaltlich nur noch wenig Bedeutsames zu sagen hatte, war mit Rap die sprachlastigste und gewissermaßen erzählerischste Musikform entstanden, die die Popgeschichte je hervorgebracht hat. Die Botschaften von Bands wie *Public Enemy* sind dermaßen komplex, dass sie den Rahmen all dessen sprengen, was bisher im Pop – zum Beispiel bei Songwritern wie *Bob Dylan* – an Lyrics transportiert wurde. Außerdem kam über das Sampling noch eine zweite Textebene hinzu: In die Stücke gesampelte Dialoge aus Filmen, aus Politikerreden oder aus Reden von Vorbil-

»Ice-T: ›Du musst crossovern. Wenn du ein rein schwarzes Publikum ansprichst, wirst du kaum über 650.000 Einheiten kommen, wenn du sehr erfolgreich bist. Um 1,5 Millionen zu erreichen, brauchst du auch weiße Käufer.‹ Wie unterscheiden sich die weißen Fans von den schwarzen? Die schwarzen sind ärmer. Sie kaufen sich das Tape. Die weißen haben die CD, das T-Shirt und die Ice-T-Tour-Jacke.«

Diedrich Diederichsen: Präsident Bush's Most Wanted – Unterwegs mit Ice-T, in: Freiheit macht arm. Köln 1993

Public Enemy

dern wie dem »Black Panther«-Kopf *Malcolm X* traten mit den Texten des MC in einen Dialog, sei es als Kontrast oder als unterstützendes Element.

Sex und Gewalt

Es ist nicht verwunderlich, dass eine so direkte und kämpferische Musik, gerade weil sie von Schwarzen und anfangs primär für Schwarze gemacht wurde, von den Repräsentanten der Macht als gefährlich angesehen wurde. Eine von *Tipper Gore*, der Frau des amerikanischen Vizepräsidenten, ins Leben gerufene Elternorganisation trug immer wieder zur Indizierung von HipHop-Veröffentlichungen bei. Die Musik sei gewaltverherrlichend und sexistisch, hieß es. In der Tat gab es einige plump sexistische Bands wie z. B. *The 2 Live Crew*, denen nur daran gelegen war, mit schalen »Titten«-Witzen sehr viel Geld zu machen, und tatsächlich erschienen vor allem im Gangsta Rap der Westküste Platten, auf denen die Gewalt um ihrer selbst willen gepredigt wurde. Ein Großteil der HipHop-Platten thematisiert Sex und Gewalt allerdings beschreibend oder parodistisch, um auf die noch immer katastrophalen Zustände in den Armenvierteln hinzuweisen. Von der Zensur waren sowieso nur solche Platten betroffen, die einen direkten politischen Bezug erkennen ließen, zum Beispiel »Cop Killer« von *Body Count*, einem *Ice-T*-Projekt. Hier wurde die Brutalität beim Namen genannt, mit der weiße Polizisten gegen Schwarze vorgehen, und die Phantasien eines Protagonisten geschildert, der Rache geschworen hat. Das besonders »Gefährliche« an »Cop

»Excuse us for the news
You might not be amused
But did you know White comes from Black
No need to be cunfused.

Excuse us for the news
I question those accused
Why is this fear of Black from White
Influence who you choose?

Man c'mon now, I don't want your wife
Stop screamin' it's not the end of your life
(But supposin' she said she loved me)
What' s wrong with some color in your family
    tree
I don't know.«

Public Enemy: »Fear Of A Black Planet«

Killer« war aber, dass Ice-T die Platte zusammen mit einer Metal Band aufgenommen hatte und so bewusst auch ein weißes Publikum erreichte. Spätestens ab diesem Zeitpunkt sahen die weißen Schirmherren der Rassentrennung ihre eigenen Kinderzimmer in Gefahr.

Rap als Politikum

Rap ist sicher das größte und wirksamste kulturelle Sprachrohr der Schwarzen im ausgehenden Jahrhundert geworden. Mitte der achtziger Jahre, als Rap mit der kreativen Zeit von Public Enemy und Ice-T seine politischste Phase erreichte, betonten die Musiker häufig, dass es ihnen nicht um einen schwarzen Separatismus ginge, sondern im Gegensatz darum, auch weiße Kids zu erreichen und so dafür zu sorgen, dass Rassismus wenigstens bei kommenden Generationen verschwinden werde.

Der Gedanke spricht einen wichtigen Punkt an, denn auch in diesem Buch ist häufig von schwarzer und weißer Popmusik die Rede. Eigentlich müssten diese Begriffe apostrophiert werden. HipHop nämlich hat wie keine andere Musik seit dem Jazz klar gemacht, dass kulturelle Zuweisungen nach Hautfarbe immer auch einen latent rassistischen Ursprung haben. Er hat gezeigt, dass die Qualität einer Musik weder von der Hautfarbe noch von der Herkunft abhängt: Es gibt heute türkische, italienische, französische, arabische Rap-Bands, häufig von Migranten ins Leben gerufen, auch beispielsweise türkische Rapper in Deutschland, die sich mit Deutschen zusammengeschlossen haben – und genau darin besteht bis heute jenseits aller Gangster-Posse die eigentliche Idee: Die Frage danach, woher jemand kommt, über Bord zu werfen, um endlich gemeinsam gegen die Unterdrücker vorzugehen.

»Wir haben nie von schwarzer Überlegenheit gesprochen. Jeder muss unsere Stories verstehen und mit der eigenen Geschichte vergleichen. Auch ein Weißer kann die Story eines schwarzen Amerikaners verstehen. Es geht darum, die verdammten Fesseln zu erkennen.«
Chuck D. von Public Enemy in: Zap Nr. 53, 1992

Rap ist weltweit zur musikalischen Plattform für textreiche und wortgewandte Popmusik geworden. Während Disco fast ausschließlich dem Tanzen diente, musste im Rap nicht nur der Groove, sondern auch der Inhalt stimmen.

Grunge

Im amerikanischen Seattle gingen die Uhren anders. Dort entdeckten ein paar Zwanzigjährige die Platten ihrer Eltern und begannen, Punk mit der Musik von Black Sabbath und Led Zeppelin zu koppeln.

Die letzte große Rock-Bewegung

»Eine abgefeimte Coolness macht sich breit, die dem Lauf der Welt keinen Sinn mehr abverlangen kann. MTV hatte die Provinz-Combo beim Erscheinen der CD ›Nevermind‹ durch wochenlanges Powerplay auf den Rock-Zenith gewuchtet.«

Paolo Bianchi in: Kunstforum International, Bd. 134: Art & Pop & Crossover. Ruppichteroth 1996

Junge Leute, die einen leicht provinziellen Eindruck erweckten, spielten matschig breite Gitarrenriffs und wagten plötzlich auch wieder Soli. Als 1989 »Superfuzz Bigmuff« von *Mudhoney* und »Bleach« von *Nirvana* auf dem kleinen »Sub Pop«-Label erschienen, war allen Hörern klar, dass diese Musik etwas Neues ist. Auf ihre Art neu, aber eigentlich auch ganz schön alt. Die Bands bemühten noch einmal den Gestus des Authentischen und den lärmigen Proberaum-Flair von Punk, stilistisch allerdings auf den Rock der siebziger Jahre übertragen.

Diese später Grunge genannte Mischung entstand auf familiärer Basis, wie sie für alle kleinen Musikszenen typisch war. Kids ließen sich die Haare wachsen, gründeten Bands und probten im elterlichen Partykeller. Sie träumten nicht wirklich vom großen Erfolg, sondern lediglich von der Selbstverwirklichung und davon, in der Musik all den Ärger über Schule, Perspektivlosigkeit und gescheiterte Beziehungen rauszulassen. Diese Generation erhielt auch einen Namen: »Generation X« nach dem gleichnamigen Bestseller von *Douglas Coupland*.

Das Rezept ging natürlich auch für die Plattenindustrie auf. Der Seattle-Stil konnte außergewöhnlich gut vermarktet werden, denn den Bands haftete etwas grundsätzlich Sympathisches an. Ihre Musik gab nicht mehr vor, als sie tatsächlich war. Mit diesen Jungs in Holzfällerhemden konnten sich die frustrierten Teens und Twens in aller Welt leichter identifizieren als mit künstlich entrückten Popstars wie *Michael Jackson.*

Ende der achtziger Jahre hatte eine Hand voll Bands also den Grundstein für etwas gelegt, dessen Wirkung sie selbst nicht ahnen konnten: Sie sollten zum Anlass für den letzten großen Rock-Hype in der Popgeschichte werden und damit vielleicht sogar das Ende der Rockmusik im klassischen Sinne einläuten. Mit dem Aufstieg und Fall von *Nirvana* sind noch einmal alle großen Rock-Mythen nachgespielt worden (die Betonung muss auf Spiel liegen, ein von den Medien inszeniertes Spiel), sodass danach kaum mehr jemand an die Unschuld dieser Musik glauben konnte, schon gar nicht mehr an das, was mit ihr verkauft werden sollte: Glaubwürdigkeit und Authentizität.

Nirvana 1990

Der Selbstmord von *Nirvana*-Sänger *Kurt Cobain* 1995 vollendete das Bild von Grunge als frustrierter Musik einer zukunftslosen Generation endgültig. Die Industrie bekam ein Opfer, das sich ebenso wie einst *Jimi Hendrix* und *Jim Morrison* bestens verwerten ließ. Trauriges Fazit einer kurzen Karriere, bei der stets der Eindruck vorherrschte, dass die Band sich selbst nicht mehr unter Kontrolle hatte und immer mehr zu einer Marionette von Medien und Industrie geworden war.

»Vielleicht ist das, was wir gerade erleben, das letzte Aufzucken des Rock. Kurz vor seinem Untergang. – Alles scheint darauf hinzudeuten, dass es Rock bald nicht mehr gibt.«

Jack Endino, »Sub Pop«-Produzent im Gespräch mit dem Autor, 1991

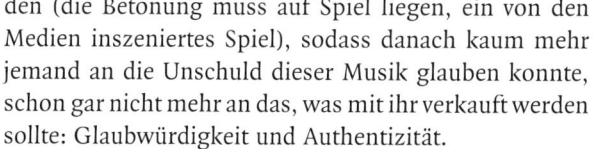

Nirvana hatten die Kehrseite des Popgeschäfts erfahren. In einer Maschinerie, in der es um Millionenbeträge geht, ist für Eigenbrötler und Idealisten wie Kurt Cobain kein Platz gewesen.

Der neue Pop-Pluralismus

Die Neunziger sind das Jahrzehnt, in dem musikalisch nahezu alles toleriert und in immer neuen Kombinationen aufgegriffen wurde. Pop begann, von der Musik bis zur Mode, seine eigene Geschichte zu verarbeiten.

Zusammenbruch alter Subkulturen

Wer die Popkultur des letzten Jahrzehnts zusammenfassen will, wird wohl sofort an Techno denken. Techno ist zur bedeutendsten Massenbewegung im Pop geworden, allerdings nur eine unter vielen. Und genau dieser Pluralismus zeichnet die neunziger Jahre aus. Seit den Rock'n'Roll-Tagen war Popkultur immer mit scharfen Abgrenzungen verbunden, wie zum Beispiel: Jung gegen Alt, Punks gegen Hippies, Skins gegen Punks, Independent-Labels gegen die Plattenindustrie oder zwischen Fanzines und MTV. Heutzutage haben sich Rivalitäten und Stilkämpfe weitgehend aufgelöst, Pop-Konsum und Pop-Vorlieben sind zum bunten Pool unbegrenzter Möglichkeiten geworden. Am Wochenende auf den Rave gehen, zu Hause dagegen *Tracy Chapman* und *Tori Amos* hören – das ist kein Problem. Parallel dazu sind die Grundwerte alter Subkulturen – Provokation, Dissidenz, Eigenweltlichkeit, Schaffung eines alternativen Lebensraums – zerfallen. Auch die Frage nach einer optischen Abgrenzung durch Kleidung ist bis auf wenige Szenen, die noch immer den achtziger Jahren nachhängen – die Irokesen-Punks und die Gruftis beispielsweise – hinfällig geworden. Was einmal Erkennungsmerkmal für ganz bestimmte subkulturelle Gruppen gewesen ist, wurde zur gesellschaftlichen Normalität. Lange Haare, Springerstiefel, Tätowierungen und Piercing stehen nicht mehr notwendig für Hippies, Rocker, Punks und Skins, sie sind beliebige Accessoires im Waren-Dis-

»Die längst eingestellte Zeitschrift ›Tempo‹ rief Anfang der Neunziger die sogenannte ›Pop-moderne‹ aus. Sie hat Recht behalten und letztlich genau so, wie es ihr lieb war.«

Tom Holert/Mark Terkessidis: Mainstream der Minderheiten. Berlin-Amsterdam 1996

count. Wer kann heute noch einen Skinhead vom kahl geschorenen Techno-Anhänger unterscheiden?

Die Neunziger waren ein Jahrzehnt, in dem unzählige Platten und CDs erschienen, nicht nur Musik von neuen Gruppen, sondern vor allem Wiederveröffentlichungen, sodass inzwischen die komplette Popgeschichte bis auf ganz wenige Lücken verfügbar ist. Gleichzeitig ist der Unterschied zwischen Independent und Mainstream, zwischen Pop als subkultureller Lebenshaltung und Pop als bloßem Konsum, dermaßen aufgeweicht, dass eine gesellschaftliche Abgrenzung oder Positionierung über musikalische Stile nicht mehr so richtig gelingen will. Die Hamburger Band *Tocotronic* hat dieses Dilemma mit ihrem Song »Ich möchte Teil einer Jugendbewegung sein« auf den Punkt gebracht. In einer Zeit, in der Popmusik zur bloßen Frage des Geschmacks geworden ist, die auf nichts mehr verweist, ist es schwierig geworden, einen eigenen Stil zu finden.

Tocotronic
Wir kommen um uns zu beschweren
L'Age D'Or, 1998

Das Ende der »Indies« und die Krise der Rockmusik

In den achtziger Jahren gab es noch eine klare Trennung zwischen kommerzieller und unabhängiger Popmusik. ›Unbekannte‹ Bands tourten weltweit durch Jugendhäuser und kleine Clubs und verstanden sich als Teil dieser alternativen Szene. Mainstream-Acts dagegen wurden durch Videoproduktionen auf Sendern wie MTV gepusht und traten mit aufwendigen Shows in großen Hallen und Stadien auf. Ein Jahrzehnt später wechselten jedoch fast alle namhaften Indies – z. B. *Sonic Youth*, *The Lemonheads* und *Dinosaur Jr.* – zu den großen Plattenkonzernen. Die Vertragsangebote der Großverlage wa-

Marilyn Manson

»Die Show und diese Horroreinlagen waren ja ganz nett, aber so richtig außergewöhnlich war es nicht. Er hat ja nur ein bisschen rumgespuckt und seinen Arsch gezeigt.«

Fan zum Marilyn Manson-Konzert in Köln, 16.12.98. In: Visions 2/99

ren attraktiver und die Erfolgschancen größer. Die Major-Labels hatten nach dem unerwarteten Erfolg von *Nirvana* ein großes Interesse daran, Musik aus dem Underground unter Vertrag zu nehmen. Das Ergebnis: Die Gruppen wurden für ihre Verhältnisse erfolgreich (aber häufig belanglos) und die Independent-Szene dünnte aus.

Nirvana hatten gezeigt, dass mit störrischer, aggressiver Rockmusik viel Geld zu verdienen war. Gerade weil Nirvana-Sänger *Kurt Cobain* sich als widerspenstiger Antiheld präsentierte, der den Medienrummel um sich und seine Band verurteilte, konnte er, so paradox es klingen mag, von den Medien wunderbar vermarktet werden.

Was sich einmal »Alternative Rock« nannte, ist zunehmend kommerzialisiert worden, das »Alternativ« verkam zum bloßen Markenartikel. Sogar Gruppen, die aus der Punk- und Hardcore-Bewegung hervorgegangen sind, erwiesen sich als Stadionfüller und befriedigten das Konsumbedürfnis ihrer jugendlichen Kundschaft. Einst hatten Punk und Hardcore auf politische Radikalität und strikte Selbstverwaltung gedrängt, aber Bands wie *Sick Of It All*, *Bad Religion* und *Offspring* scherten sich nicht um solche Ideale. Dass dabei sowohl die politische wie auch musikalische Schärfe auf der Strecke blieben, muss wohl kaum erwähnt werden.

Eine lange Tradition, die von *Frank Zappa* bis zu Punk reicht, von *Jim Morrison* bis zu Industrial, war zu Ende gegangen. Rockmusik konnte und wollte nicht mehr als rebellische Schockkultur gelingen. Bands wie *Marilyn Manson*, die noch glauben, sie könnten mit Gewalt-Inszenierungen und Satanismus einen Skandal entfachen, sind zwar erfolgreich, zeigen aber jedem, der sich etwas kritischer damit auseinander setzt, wie hohl eine solche Provokation um ihrer selbst willen geworden ist. Rockmusik hat heute nichts mehr, wofür und wogegen sie sich abarbeiten kann. Gegen Religion? – Das schockiert nur noch in den USA, und dort auch nur die üblichen Fundamentalisten. Für sexuelle Befreiung? – Welche Befreiung, wo längst im Boulevard-TV über Sadomaso, Gruppen- und Fetisch-Sex so offen wie über Rohkost geplaudert wird? Das Schockprinzip hat sich von selbst erledigt und mit ihm die Glaubwürdigkeit der Minderheiten, weiterhin noch auf irgendein Anderssein aufmerksam machen zu müssen. Die aggressive, gegen so genannte Spießer gerichtete Geste von »Sex & Drugs & Rock'n'Roll« wurde damit selbst saturiert und konservativ.

Kritiker sprechen deshalb von der Krise oder sogar vom Ende der Rockmusik. Experimentelle, unabhängige und zugleich zeitgemäße Musik spielt sich fast ausschließlich im Bereich der Elektronik ab. In der Kölner Musikzeitschrift »Spex« tauchte Mitte der neunziger Jahre bereits das Schimpfwort »Rockismus« auf. Es soll heißen, dass Rock inzwischen nur noch für eine von Männern dominierte, machohafte Musikform steht, die mitsamt dem Starkult, der da um bekannte Musiker – vor allem Gitarristen – betrieben wird, zu einer veralteten Ästhetik geworden ist.

»Heute ist Underground als Subkultur zusammengebrochen. Wenn ich in einen Plattenladen gehe und mir ansehe, wer dort alles die neue Nirvana kauft, verstehe ich die Welt nicht mehr: Total normale, konservative Kids sind das. Hier klafft eine große Lücke. Underground ist zwar gerade das große Ding, aber er hat keine Basis mehr, keine Bewegung, auf die er stoßen könnte, wie das in den Sechzigern einmal war.«
Lee Ranaldo von Sonic Youth im Gespräch mit dem Autor, 1992

Im Mittelpunkt der Popmusik der neunziger Jahre stehen Zitat, Neukombination und Neuinterpretation. Der rebellische Gestus wirkt dem gegenüber antiquiert, obwohl doch viele nicht auf ihn verzichten wollen.

Das DJ-Universum

Das Equipment eines Discjockeys besteht aus zwei Plattenspielern und einer umfangreichen Plattensammlung. Das Vinyl ist damit zum wichtigsten Instrument der Bewegung geworden. Die einen nennen diese Entwicklung eine Revolution, die anderen Einfallslosigkeit.

Techno ist mehr als Bum-Bum

»Ich habe das Gerede von den Maschinen satt, denn ist denn eine Gitarre weniger Maschine oder weniger Gerät als ein Sampler? Lebt nicht alles ausschließlich von der Handarbeit, also von der Sprache des Bedieners? Ein DJ, der etwas auf sich hält, sollte sich ebenso genuin als Künstler wie Miles Davis und Bob Dylan verstehen.«
DJ Richie Hawtin/ Plasticman im Gespräch mit dem Autor, 1998

Kaum eine musikalische Bewegung muss sich bis heute so stark gegen Vorurteile zur Wehr setzen wie Techno. Viele empfinden die Musik als primitiv, werfen der Szene vor, nur noch aus spaßbetonten Konsumenten zu bestehen. Vor allem all jene, die mit Rockmusik sozialisiert wurden, sehen in Techno die völlige Entpolitisierung einer Jugend, der es nur noch um Körperbetontheit und ein cooles Outfit geht.

Die Kritik basiert auf einem Missverständnis: In den Medien wird Techno gerne mit Veranstaltungen wie der »Love Parade« und mit der Musik von Teenie-Idolen wie DJ Bobo gleichgestellt – ein Image, das die Techno-Kritiker ihrerseits unreflektiert aufgreifen. Das Problem der Kritik liegt im Begriff Techno selber. So wie Rock als Überbegriff für unterschiedliche Stilrichtungen steht, von Deep Purple bis Black Flag, von Foreigner bis zu den Ramones reicht, ist auch Techno ein reiner Sammelbegriff, hinter dem sehr viel mehr steckt als bloß jene populistischen Auswüchse, die gerne mit Techno gleichgesetzt werden.

Die Anfänge: Chicago und Detroit

Bevor überhaupt von Techno die Rede war, entstand in der Industriestadt Chicago bereits Mitte der achtziger Jahre eine neue Form der Tanzmusik, die House getauft wurde, da die Chicagoer Discothek »The Warehouse«

einer ihrer zentralen Austragungsorte war. House orientierte sich an Soul, Funk und der Discomusik der siebziger Jahre, verband sie mit europäischen Einflüssen, die von *Kraftwerk* und *Can* bis zu Synthie-Pop im Stil

Laurent Garnier
ClubTraxxEP

von *Depeche Mode* und den *Eurythmics* reichten. Diese Mischung selbst war bereits abenteuerlich. Die groovige Tradition der »black music« fusionierte mit kalten europäischen Roboter-Klängen. Im Ergebnis hieß das: Über einen kargen, monotonen Beat wurden die verschiedensten Partikel aus bereits vorhandener Musik gelegt. Das konnte ein *James Brown*-Basslauf sein, ein *Earth, Wind & Fire*-Bläsersatz oder eine *Kraftwerk*-Gesangszeile. Der Phantasie waren keine Grenzen gesetzt, solange der Beat stimmte und die Einzelteile sich stimmig zueinander fügten.

Diese Fusion aus Elementen der Euro-Disco und der afroamerikanischen Pop-Tradition war tanzbar und hatte eine optimistische Grundstimmung. Kommerziell, apolitisch und konsumorientiert konnte man dies allerdings nicht nennen, denn vom Ansatz her ist House ebenso wie die frühe Disco-Bewegung ein Ausdruck von Stigmatisierten gewesen. Stand Rock als Sprachrohr für die weiße, heterosexuelle Mittelschicht, so wurde House sehr schnell zum idealen Sound für Schwarze und Homosexuelle. Von dieser Musik sollte niemand mehr ausgegrenzt werden. Das Androgyne beziehungsweise Roboterhafte von House-Vorbildern wie den *Eurythmics* und *Kraftwerk* wurde in einen neuen Kontext gestellt. Der Klang- und Bildervorrat von House ergab somit eine Musik, die ganz und gar, um einen Begriff des Philosophen *Jean-François Lyotard* aufzugreifen, ein »Patchwork der Minderheiten« war. Die Frage nach Hautfarbe, Geschlecht und sexuellen Vorlieben wurde in dieser Szene

»Es gibt keine Stars, auch wenn immer wieder gesagt wird, die DJs seien die Stars. Das ist Stuss, der DJ ist eine andere Art von Star, etwa vergleichbar mit einem Modedesigner.«

Diedrich Diederichsen in: Kunstforum International Bd. 135: Cool Club Cultures. Ruppichteroth 1997

Frontpage 1996: Techno-Szenezeitung mit steilem Aufstieg, aber kurzer Lebensdauer

unbedeutend. Die Message von Überwindung alter rassistischer und sexistischer Verhaltensmuster steckte hier allerdings nicht mehr im Text, sondern im musikalischen Repertoire, das da neu zusammengefügt wurde. Die Kombination von Soul-Sängerinnen, Gay-Disco und Funk-Rhythmen ergab eine Mischung, die niemanden ausschloss.

From Disco to Disco

Sehr schnell schwappte House von Chicago nach Detroit über und erhielt dort musikalisch einen Schliff, dessen radikale Reduziertheit erstmals mit dem Begriff Techno versehen wurde. Chicago House zeichnete sich in der Regel durch eine sehr warme, emotionale Grundstimmung aus. Detroit-DJ's und Produzenten wie *Juan Atkins*, *Kevin Saunderson* und *Jeff Mills* entschlackten dies von allen Soul-Elementen, reduzierten House auf einen maschinenhaften, urban hektischen Beat. Alles, was in Chicago noch nach hoffnungsvoller Hinterhof-Romantik klang, wurde in Detroit auf verfallene Industrielandschaften hin umgeschrieben. Eine Formation von *Jeff Mills* gab sich programmatisch den Bandnamen *Underground Resistance*. Diese Musik bedeutete eine radikale Absage an die weiße Rockkultur. Seit Industrial, der lärmenden Anti-Musik von Bands wie *Throbbing Gristle*, hatte es keine so verstörende, karge und unsentimentale Musik mehr gegeben. Nun jedoch kam so etwas nicht von britischen Performance-Künstlern, sondern von schwarzen DJ's, die ihre Musik bewusst maschinenhaft inszenierten, um damit das seit dem Blues existierende Klischee vom leidenden, unterdrückten Schwarzen, der sich musikalisch in sein Schicksal fügt, über Bord zu werfen.

Das DJ-Universum

In der Blütezeit des Detroit-Techno, von 1992–94, stand die Abgrenzung vom Musiker als Star im Mittelpunkt. Der mit Fremdmaterial arbeitende DJ und Produzent vermied, die eigene Person in den Vordergrund zu stellen. Der Zug zum Nicht-Humanoiden, den Detroit in Anlehnung an *Kraftwerk* inszenierte, hatte zum Ziel, die Musik von allem nichtmusikalischen Ballast zu befreien und ihr endlich zu einer Autonomie zu verhelfen, die nicht nach Aussehen, Selbstdarstellung und anderen Formen der Repräsentation fragt. Damit hatte Detroit-Techno einen Stil entwickelt, über den Popmusik so abstrakt wurde wie ein Gemälde von *Piet Mondrian*: Reine Form, frei von Ornament und frei vom Zwang, sich über irgendetwas außerhalb der Musik erklären zu müssen.

Diese Initialzündungen breiteten sich sehr schnell in anderen Großstädten auf der ganzen Welt aus. Was anfangs als House begann und in Detroit zu Technohouse wurde, differenzierte sich in der Folgezeit in unzählige Spielarten aus, die so verschiedene Bezeichnungen wie Trip Hop, Hard Trance, Drum'n'Bass, Deep House, Intelligent und Ambient erhielten. Techno in den Neunzigern ist also mehr als nur jener Stil, der auch von Insidern belächelt und als »Kirmes-Techno« bezeichnet wird.

»Tanzen: Warum ist Techno/House in erster Linie Tanzmusik? Seit es den Menschen gibt, sucht er in Tanz und Rhythmus Verbindung zu Kräften und Zuständen, die ihn aus seiner bestehenden Beschränkung befreien und ihm den Alltag erträglicher machen. Einfacher ausgedrückt: Mit viel guter Laune und dem Groove unterm Arsch lässt sich der ganz normale Wahnsinn besser ertragen.«

Peter Huber: Keep the spirit alive. In: Localizer 1.0. Berlin 1995

Die Ursprünge von Techno liegen in den amerikanischen Industriestädten. Elektronische Klänge standen für ein Menschenbild jenseits von Zuweisungen über Geschlecht und Hautfarbe.

Post-Rock

Im Bereich der Gitarrenmusik ruhten sich viele Musiker auf bewährten Traditionen aus. Aber ausgerechnet jene, die das Genre für veraltet erklärten, füllten Rockmusik wieder mit Leben: Post-Rock war Kritik und zugleich Erneuerung.

Rock nach dem »Ende der Rockmusik«

»Post-Rock? Manchmal wird meine Musik so bezeichnet. Das liegt aber nur daran, dass viele Leute für die experimentelle Musik unserer Generation keinen Namen mehr finden. Wir unterscheiden nicht mehr zwischen E und U. Cage, Stockhausen und Varese sind für uns genauso einflussreich wie die Beach Boys, Burt Bacharach oder irgendein guter Pepsi-Werbejingle.«

Jim O'Rourke im Gespräch mit dem Autor, 1996

Die kommerzielle Rockmusik hatte in den neunziger Jahren wenig Eigenständiges zu bieten: Alte Größen wie REM, *Pearl Jam* und U2 lieferten genau die Kost, die von ihnen erwartet wurde, neue Kassenschlager wie *Oasis* orientierten sich an eben solchen musikalischen Schemen.

Kein Stil, der einmal ins Leben gerufen wurde, ist je wirklich verschwunden. Sei es Blues, Rock'n'Roll, Reggae, Ska, Psychedelic, Heavy Metal oder Punk. Für all diese Formen gibt es zahlreiche Nachwuchsbands und ebenso viele treue wie auch neu dazugekommene Fans. Es macht allerdings einen Unterschied, ob eine Band sich in das Fahrwasser bereits bekannter stilistischer Schemen begibt oder ob sie versucht, einen eigenständigen musikalischen Weg zu gehen. Viele Bands haben der Prognose vom »Ende der Rockmusik« widerstanden. Sie tauschten die Gitarre nicht gegen den Sampler ein, sondern reicherten ihre Musik mit elektronischen Sounds, mit Jazz oder Folklore an. Gruppen wie *Tortoise*, *The Notwist* und *Trans Am* nutzten das klassische Rock-Instrumentarium – Gitarre, Bass und Schlagzeug –, ohne ihm die altbekannten ›harten‹ oder ›erdigen‹ Klänge zu entlocken. Vielmehr wurden neue Kombinationen mit Vibraphon, Bläsern und Samples ausprobiert. In Ermangelung eines besseren Namens ist dies von der Musikkritik Post-Rock getauft worden.

Der Begriff klingt seltsam, ist aber gar nicht so falsch gewählt. Post-Rock arbeitet zitathaft und ironisch mit der gesamten Pop-geschichte, ohne den alten Mythen von einer rebellischen Kultur zu verfallen. Post-Rock bleibt sich stets der eigenen Kunsthaftigkeit bewusst. Wenn eine Band wie *Tortoise* aus Chicago Elemente von Krautrockern wie *Can*, von Psychedelic im Stil früher *Pink Floyd*, von Modern Jazz und New Wave aufnimmt, wird deutlich, dass es darum geht, das Vergangene produktiv zu verarbeiten.

Einer der radikalsten Vertreter ständiger Neukombination kommt nicht aus dem Pop, sondern vom Jazz. Der New Yorker Saxophonist *John Zorn* irritiert seit den achtziger Jahren dadurch, dass er von Platte zu Platte einen neuen Stil verwendet. Von Freejazz bis Kammermusik, von Blues über Klezmer bis zu Ein-spielungen von Stücken des italienischen Filmkompo-nisten *Ennio Morricone* ist bei *John Zorn* alles drin. Seine Band *Naked City* war diesbezüglich noch radikaler. Im Sekundentakt wechselten die Musiker zwischen Jazz, Country, Hardcore und Heavy Metal. Obwohl *John Zorn* künstlerisch ein radikaler Einzelgänger ist, kann er doch als Wegbereiter für den spielerischen Umgang mit der Musikgeschichte im Post-Rock gelten.

Post-Rock ist weder ein Stil noch eine Bewegung. Seine Bearbeitung unterschiedlicher Formen entspringt einer intellektuellen Herangehensweise. Insofern bleibt diese Musik, so sehr sie auch von der Presse gelobt wird, einem kleinen Publikum vorbehalten.

Der Elektronik-Boom

Nicht nur in der Rockmusik kam es zu musikalischen Ausdifferenzierungen. Auch die elektronische Musik, die mit House musikalisch einfach begann, wurde kom-plexer und in vielen Fällen so vertrackt, dass sie am Ende gar nicht mehr tanzbar war, sondern nur noch als Musik für den Kopfhörer funktionierte. In England entstand

Jim O'Rourke

»Sampling verführt viele Leute, schnell mal eine schlampige Platte aufzunehmen. Es ist aber auch möglich, zu Hause am Computer Musik einzuspielen, die so vielschichtig ist wie ein Album von den Beatles oder von den Beach Boys. Nicht die Instrumente, sondern die Ideen entscheiden über Qualität.«

Moby im Gespräch mit dem Autor, 1998

Drum'n'Bass, eine Musik, die den Viervierteltakt durch verschachtelte Rhythmen ersetzte. *Aphex Twin* verarbeitete Elemente der Minimal Music von Komponisten wie *Steve Reich* und *Philip Glass*, *Squarepusher* schuf Drum'n'-Bass-Aufnahmen, die sich an den virtuosen Fusionjazz der Siebziger anlehnten. Auf diese Weise wurde aus Techno eine Musik für Spezialisten. Jene Musik, die einmal als »primitiv« und »monoton« abgetan wurde, orientierte sich plötzlich an Jazz und Elementen der Neuen Musik. Bands wie *Autechre* und *Oval* verzichteten ganz auf einen durchgängigen Beat und veröffentlichten Klangtüfteleien, bei denen es selbst eloquenten Kritikern schwer fiel, dem Kind einen Namen zu geben. Zum Teil wurde es Ambient genannt – in Anlehnung an einen Begriff von *Brian Eno* –, am Ende setzte sich für solche Musik, die nur noch ganz entfernt etwas mit Techno im Sinne von Tanzmusik zu tun hatte, die Bezeichnung »Intelligent« durch.

Ein solcher Begriff ist selbstverständlich problematisch und wertend. Er suggeriert, dass es intelligente und weniger intelligente Musik gebe. Und doch trifft er den zerfahrenen Zustand, in dem sich die elektronische Musik seit Mitte der Neunziger befindet. In ihrer Spanne von infantilem Schlumpf-Techno bis zu avantgardistischen Sounds ist auch diese Musik zu einem Spiegel schichtspezifischen Hörens geworden. Begriffe der Abgrenzung wie »Proll-Techno« und »Intelligent« verdeutlichen, dass es sich bei Techno keineswegs um eine große, sich liebende Familie handelt.

In den sechziger Jahren konnten sich noch verschiedene soziale Schichten auf eine Band wie *The Who* einigen; die Wut in ihrer Musik war auf unterschiedliche Lebenssituationen übertragbar. Inzwischen ist aber Popmusik, der es nicht mehr vordergründig um Wut und Protest geht, zu einer Frage – wie es beim Soziologen *Pierre Bourdieu* heißt – der sozialen Distinktion geworden. Wer *Autechre* statt *Blümchen* hört, signalisiert damit einen ausgewählten Geschmack, ein verfeinertes Hören. Zur Zeit von Rock'n'Roll und Beat wandte sich die Musik der neuen Jugendkulturen bewusst gegen die elitäre Kunstmusik in Oper und Konzertsaal. Inzwischen hat sich eine solche Kunstmusik aus der Popkultur selbst heraus entwickelt. Und dies ausgerechnet in einem Segment, das einmal als funktionale »Move your Body«-Tanzmusik verrufen war!

Elektronische Musik hat sich aber nicht nur in unzählige verschiedene Segmente ausdifferenziert, sondern zugleich einen Output an Neuerscheinungen hervorgebracht, den keiner mehr überschauen kann, selbst dann nicht, wenn er monatlich mehr als tausend Mark für Platten ausgeben würde. Ein wesentlicher Grund für diesen Boom ist, dass sich die Musik relativ leicht und billig am Computer produzieren lässt. Nichts zuvor, auch nicht Punk, ist demokratischer gewesen. Mit dem Nachteil, dass die Perlen in einem Berg aus CD's und Vinyl nur schwer zu finden sind.

»Die elektronische Klangtüftelei hat zu einer starken Nerd-Kultur geführt. Heute gibt es viele Spezialisten, die ihre Musik vom Wohnzimmer aus komponieren, mit anderen via Internet kommunizieren, selbst aber kaum vor die Tür gehen. Es wird ja gerne behauptet, dass Pop sehr viel mit Kommunikation zu tun hat. Das mag sein, aber es ist inzwischen eine andere Kommunikation geworden als die, abends auszugehen.«

Jimi Tenor im Gespräch mit dem Autor, 1998

Sowohl im Rock wie auch in der elektronischen Musik haben sich mit »Post-Rock« und »Intelligent« reflektierte Formen des Komponierens ausgebildet, über die Pop selbst zu einer Art Kunstmusik geworden ist.

Retros und Revivals

Pop wird längst nicht mehr nur von Jugendlichen gehört, sondern ist zur generationsübergreifenden Alltagskultur geworden. Das nostalgische Bedürfnis nach den Klängen der eigenen Jugend hat deshalb zu so mancher Neuauflage alter Hits geführt.

Die Zeitschleife

»Eigentlich sind die Neunziger kein schlechtes Jahrzehnt für Musik. Noch nie war die ganze Geschichte von Rock und Jazz auf Tonträgern so präsent wie heute. Das heißt, dass alles einander durchdringen kann, dass nichts wirklich stirbt! Wenn ich bedenke, wie Platten von Charles Mingus, die vor dreißig Jahren aufgenommen wurden, uns beeinflusst haben, ist das ganz schön abgedreht. Ich meine, man braucht gar nicht so viele neue Platten, denn es gibt noch so viele alte zu entdecken, dass ein einziges Leben dafür nicht ausreicht.«

John Herndon/Tortoise im Gespräch mit dem Autor, 1998

Was haben *The Who*, *Emerson, Lake & Palmer*, die *Sex Pistols*, *Abba*, *Blondie* und *Steely Dan* gemeinsam? Sie stehen stellvertretend für die vielen Bands, die sich im letzten Jahrzehnt zusammengerauft haben, um noch einmal auf Tournee zu gehen und so die Bedürfnisse meist älterer Fans zu befriedigen. Die Desorientierung vieler Hörer im Techno-Zeitalter sorgte dafür, dass den *Rolling Stones* wieder die vollsten Konzerthallen und Stadien gehörten. Und auch junge kommerzielle Gruppen profitierten von dem Wunsch nach Oldies. Nichts ist leichter gewesen, als mit einem auf Rap getrimmten *Elvis*-Hit noch einmal das schnelle Geld zu machen.

Neben all den Reunions und Coverversionen kam es aber auch zum Revival ganzer Epochen. Die siebziger Jahre kehrten mitsamt Schlaghosen und Plateauschuhen zurück, noch einmal lief »Grease« mit *John Travolta* und *Olivia Newton-John* im Kino. Selbst so ein Schund wie der Soundtrack zum »Schulmädchen-Report« wurde neu ausgegraben und half, die siebziger Jahre als naiv unschuldige Epoche zu verklären.

Einfallslose Rückbesinnung

Kein Kuriosum in Sachen Wiederentdeckung wurde ausgelassen. So konnte Mitte der Neunziger plötzlich auch so genannte Easy-Listening-Musik zum neuen, hippen Trend erklärt werden. In den fünfziger und sechziger Jahren war Easy Listening, die Kommerz- und Gebrauchs-musik von *James Last*, *Herb Alpert* und *Ray Conniff*, genau jene Art von Wohlklang, die Eltern als positive Alternative gegen die wilde Rockmusik anführten. Nun aber hatte sich das Blatt gewendet: *Herb Alpert* wurde als coole Lounge-Musik wieder entdeckt und gegen den veralteten Geschmack der *Eric Clapton* hörenden Eltern ausgespielt. Das »Anything Goes« ist damit auf die Spitze getrieben worden.

Neben solchen Kuriositäten wird über die Rückbesinnung auf so genannte Klassiker vor allem die Sehnsucht nach einer Zeit befriedigt, als Pop noch ganz klare gegen-kulturelle Werte besaß. Sich 1995 noch einmal die *Sex Pistols* anzusehen, war für viele Ex-Punker ein angeneh-mer Zeittunnel, der für sechzig Minuten das Gefühl ver-mittelte, dass früher einmal alles besser war.

Auch in der elektronischen Musik spielt das Retro in Form des Zitats eine entscheidende Rolle. Mit Hilfe des Samplings lässt sich jede vorhandene Schallplatten-aufnahme neu verwerten und mit anderen Aufnahmen kombinieren. Dies führte bei vielen Musikern zu einer collagenhaften Zitatenflut von Versatzstücken aus mehr als fünf Jahrzehnten Jazz- und Popgeschichte. Auf Plat-ten von *Jimi Tenor*, *Nightmares On Wax* und *Red Snapper* kann der Hörer auf der Spurensuche zum Detektiv wer-den. Dem Verfahren nach ist die Methode, Vergangenes als Sample einzubauen, sicher moderner – genauer ge-sagt: postmodern – gegenüber einem bloßen Revival. Häufig dient aber auch dies nur marktstrategisch dazu, dem Kunden Vertrautes im neuen Gewand zu liefern.

Buckethead
Girl – Park – Cigarette Machine
London Records, 1999

Retro-Cover-Ästhetik bei einer Neunziger-Jahre-Band

»Manchmal fragen mich 16-Jährige bei Auftritten nach Platten, die dreißig bis vierzig Jahre zurück liegen. Heute heißt Insider-Wissen für die Interes-sierten nicht mehr, das Neueste zu kennen. Es heißt vielmehr, die Geschichte genauer als andere zu kennen.«

Jimi Tenor im Gespräch mit dem Autor, 1998

Retros und Revivals sind die kommerzielle Kehrseite eines Jahrzehnts, bei dessen Veröffentlichungsflut viele den Überblick verloren haben. Erstmals ist das größte Marktsegment im Pop nicht mehr einer Jugendbewegung vorbehalten, sondern dem sentimentalen Blick zurück.

»Neue deutsche Härte« und Diskursrock

Nationalistische Klänge eröffneten hierzulande die neunziger Jahre. Kein guter Start für den Popstandort Deutschland. Aber ein Widerstand gegen die rechten Töne regte sich doch, es formierte sich der antinationale Diskursrock.

Rechts und gesellschaftsfähig

Deutschlands Popmusik hatte im letzten Jahrzehnt einiges zu bieten, was als durchaus eigenständig bezeichnet werden kann. Leider aber ist das in den seltensten Fällen erfreulich gewesen. Rechtsrock machte Anfang der neunziger Jahre Schlagzeilen und schaffte es sogar, sich unter der Formel »Neue deutsche Härte« in Form von ›gemäßigter‹ Deutschtümelei zu etablieren. Deutschsprachige Bands, die dem gegenüber bewusst antinationale Konzepte einschlugen, blieben dagegen kommerziell weit hinter dem Erfolg von Gruppen wie *Rammstein* und den *Böhsen Onkelz* zurück.

Vorbei ist die Zeit, zu der Roboter-Klänge und psychedelisches Flirren als typisch deutscher Beitrag zur Popgeschichte galten. Vergangenheit ist auch, als Pop mit Bands wie den *Einstürzenden Neubauten* und *The Wirtschaftswunder* an die einmal deutsche und schließlich für undeutsch erklärte Tradition von Dada und Expressionismus anknüpfte.

Kaum war 1989 die Mauer gefallen, hatten führende Politiker die neu erstarkte nationale Identität ausgerufen. Auch in der Musik machte eine Bewegung von sich reden, die so gar nicht zum glamourösen, weltoffenen Pop passte: der Nazirock.

Die rechte Subkultur in der Musik ist nichts Neues gewesen. Bereits zur Blütezeit von Punk gab es einige Bands, die das Drei-Akkord-Schema für faschistische

> »Jetzt, hier und heute, denke ich aber anders darüber und frage mich, ob es nicht doch ein Fehler war. Wir mussten einsehen, dass viele Leute nicht denselben Horizont haben wie wir und sich angegriffen fühlten. Ich selbst fühle mich dadurch eingeengt und beschnitten, aber wie schon gesagt – heute würde ich es vielleicht anders machen.«
>
> Richard Kruspe von Rammstein über das Leni-Riefenstahl-Video der Band, Visions 9/99

Parolen nutzten. Der ›harte Kern‹ dieser Szene, *Screw-driver* in England und die *Böhsen Onkelz* in Deutschland, war einschlägig bekannt, ist aber stets nur ideologisches Futter für eine überschaubar kleine Minderheit gewesen.

Mit den neofaschistischen Anschlägen und Morden in Rostock, Solingen, Mölln und anderswo sollte sich das ändern. Neonazi-Bands wie *Endstufe* und *Störkraft* wurde in den Medien plötzlich Aufmerksamkeit geschenkt. Vor allem die *Böhsen Onkelz* verstanden es zu dieser Zeit, von ihrer neuen Popularität zu profitieren. Sie distanzierten sich in zahlreichen Talkshows und Presseinterviews von ihrer rechten Vergangenheit und nahmen von nun an selbstmitleidig das Image der »Verdammten« und »Verkannten« an. Ihrem Publikum, das zum großen Teil aus proletarischen Jugendlichen besteht, sprechen sie damit aus der Seele. Als ›konvertierte‹ Band, die schlechten Heavy-Rock spielte, gelang es den *Böhsen Onkelz* als einzigen unter den Rechtsrockern, im Herzen rechts zu bleiben, ohne weiterhin auf den Index zu kommen. Ihre Botschaft, als ›apolitische‹ Band die letzte wahre Stimme des ›Volkes‹ zu sein, begeisterte die »Nichts gegen Ausländer, aber«-Jugend. Trotz »Viva«- und »MTV«-Boykott schafften es die *Böhsen Onkelz* mit dieser Masche im Herbst 1998 auf Platz Eins der deutschen LP-Charts.

Rammstein

»Nach ›Tanz den Adolf Hitler‹ von DAF und den SS-Runen bei Kiss, nach dem Hitler-Bart bei den Sparks (...) nach Laibach, EBM und Industrial liefert Rammsteins Video nun die warenförmigste Provokation, deren schartige Eindimensionalität schnell aufstoßen kann. Die Selbstverständlichkeit, mit der Musikkanäle wie Viva oder MTV den Clip geschluckt haben, deutet darauf hin, dass die Provokation nur mehr minimal war.«

Ulf Poschardt: Die Schaltkreise der Hölle. In: Süddeutsche Zeitung, 15.4.99

Vom rechten Rock zur »Neuen deutschen Härte«

1998 ist der erfolgreiche deutsche Pop bereits weitgehend in der eher rechten Hand gewesen. Die Verkaufscharts gehörten den ›Teutonen‹. *Rammstein* erregten mit ihrem aus Leni-Riefenstahl-Bildern zusammengeschnittenen Video Aufsehen und hatten zugleich – nicht trotz, sondern wegen dieses Aufsehens – enormen Erfolg. Der Neue-Deutsche-Welle-Sänger *Joachim Witt* kehrte mit einer Platte namens »Bayreuth« zurück und landete mit »Die Flut« einen Hit. Das Video zur Nummer präsentiert Übermensch-Ästhetik in Reinkultur.

Mental hat sich in Deutschland ein nationales Selbstverständnis entwickelt, über das rechte Symbolik, solange sie sich nicht offen gegen Minderheiten äußert, hoffähig geworden ist. Während weiterhin faschistische Bands ihre illegalen CD's über ausländische Vertriebe anbieten, ist auch im kommerziellen Pop ein profitabler Markt für jene ›Mitte‹ entstanden, die ihr Rechtssein gar nicht mehr wahrnimmt, weil sie es längst als normal empfindet.

Diskursrock: Popmusik von links

Bands wie *Blumfeld* und *Die Sterne* haben gezeigt, dass es auch anders geht: Die Verwendung deutscher Texte muss nicht notwendig einen nationalen Unterton haben. Rund um die Hamburger Labels »L'Age d'Or« und »What's so funny about« entstand eine textlich gewitzte deutsche Popmusik, die mit Begriffen wie »Hamburger Schule« und »Diskursrock« belegt wurde. »Diskursrock« meint, dass diese Musik nicht einfach nur als netter Pop auftritt, sondern dass sie sich geistreich mit politischen und gesellschaftlichen Themen auseinander setzt. Auch im deutschen HipHop gibt es Bands wie *Wahre Schule, Absolute Beginners* und *Mastino*, deren Texte außerordentlich kritisch und komplex sind. Seit Mitte der Neunziger thematisiert die Hamburger Alt-Punk-Gruppe *Die Goldenen Zitronen* sowohl die Misere in der deutschen Popkultur als auch die Hilflosigkeit, die eine ehemals kritische und linke Popwelt diesen Phänomenen entgegenbringt. Stücke wie »Meine kleine Welt« und »Gleiches Ambiente« auf der *Goldenen Zitronen*-Platte »Economy Class« von 1996 handeln davon, wie sich der kritische Pop immer mehr in den Elfenbeinturm zurückzieht, zum Insider-Wissen einer kleinen Gruppe wird, während die *Böhsen Onkelz* die Hitparaden bestimmen.

Selbstkritik ist durchaus angebracht. Diskursrock mag zwar die bessere Musik und vielleicht auch die letzte legitime Form sein, in deutscher Sprache zu singen, hat allerdings zugleich eine dermaßen intellektualisierte und mit Szene-Codes durchsetzte Sprache, dass nur ein kleiner Kreis aus Intellektuellen und Pop-Hipstern zu dieser Musik Zugang findet. Mit ihrem Song »Ich bin neu in der Hamburger Schule« haben *Tocotronic* diesen Zustand ironisch zum Thema gemacht und zugleich das Eis gebrochen. Denn was bringt es der kritischen Popmusik, sich mit Begriffen wie »Diskurs« als besonders schwierig, bedeutungsvoll und elitär aufzuspielen?

Gegenüber dem Mainstream-Pop, erfolgsorientiertem deutschen Rap und der ›Neuen deutschen Härte‹ ist die kritische deutsche Popmusik, in Verkaufszahlen gesprochen, ein verschwindend kleines Marktsegment. Im Rahmen einer Popgeschichte, die dem nachgeht, was über das bloße Tagesgeschäft hinausgeht, besitzt sie allerdings eine hohe Relevanz. Vielleicht haben *Die Sterne* das ja erkannt, als sie eine ihrer Platten ironisch-arrogant »Wichtig« nannten.

Blumfeld
L'Etat Et Moi
What's so funny about,
1997

Gute deutschsprachige Popmusik ist von einem tendenziell rechten Mainstream an den Rand gedrängt worden. Traurige Bilanz der Neunziger: Auf der Suche nach einer spezifisch deutschen Pop-Sprache benutzen viele Bands eine Symbolik, die der dunkelsten deutschen Vergangenheit entnommen ist.

Was bleibt?

Pop: Am Anfang war es Provokation, längst aber stehen diese drei Buchstaben für einen Markenartikel, der nicht mehr verheißt als das, was außen draufsteht.

Ende der Illusion

Im Laufe ihrer Entwicklung hatte die Popmusik schrittweise ein immer freizügigeres Terrain ausgelotet, bis diese Liberalisierung an ihre eigenen Grenzen stieß. In den fünfziger Jahren sorgten die wackelnden Hüften von Elvis noch für einen Skandal, im folgenden Jahrzehnt war bereits in den ersten Poptexten offen von Sex die Rede. Keine zehn Jahre später wurden schließlich mit Punk, New Wave und Industrial sämtliche Tabus gebrochen. Die schonungslose Thematisierung von Sex und Gewalt, nicht selten mit zynischem Unterton dargeboten, zeugte bereits Ende der siebziger Jahre von einer großen Ernüchterung, dem Bewusstsein, dass die emanzipatorischen Ideale der musikalischen 68er folgenlos geblieben waren. Was konnte nach einer so aggressiven, mit sämtlichen Pop-Mythen abrechnenden Phase überhaupt noch an Neuem geschaffen werden? Pop entdeckte schließlich – den Tendenzen in Film, Architektur und Bildender Kunst folgend – die postmoderne Collage, den Stilmix, dem die Frage nach gesellschaftlicher Veränderung so egal geworden war wie die nach Schock und Desillusionierung. Im Zitat-Pop wurden die Bilder aus der Vergangenheit häufig nur noch als farbenfrohe, assoziationsreiche, aber referenzlose Zweitverwertung eingesetzt. Es war kein Problem, Jazz und Beat mal schnell mit einem Drum'n'Bass-Rhythmus zu vermischen. Jeder soziale Bezug, den die Stile einmal besessen hatten, wurde aufgegeben.

»Der Pop-Begriff scheint nicht nur endlos zuständig, sondern auch endlos dehnbar. Zwar gab es schon zu seinen Anfangszeiten in den frühen Sechzigern unterschiedliche Verwendungsweisen, doch heute scheint schier alles Pop zu sein oder will Pop sein: vom Theatertreffen bis zur Theorie, von der sozialdemokratischen Kandidatenkür bis zur Kulturkatastrophe.«

Diedrich Diederichsen: Alles ist Pop. Süddeutsche Zeitung, 8. August 1998

Pop als Markenartikel

Pop wurde zum integrativen Bestandteil unserer Kulturwelt und muss nicht mehr gegenüber *Mozart* und Co. um Anerkennung kämpfen, sondern ist ebenso integriert, legitimiert und institutionalisiert wie die »Zauberflöte«. Abgesehen von ganz wenigen Bildungsbürgern, die noch immer alles verteufeln, was sich kulturell nicht irgendwann einmal in Weimar abgespielt hat, zweifelt heute kein Mensch mehr an der kulturellen Bedeutung der Popmusik. Pop gibt vielmehr in allen Bereichen vor, wie zeitgemäße Kultur zu funktionieren hat. Längst ist nicht nur von Popmusik, sondern auch von Pop-Literatur und Pop-Theorie die Rede. ›Pop‹ heißt, begehrt

und erfolgreich zu sein, so begehrt, dass der ehemalige Bundespräsident *Roman Herzog* die heimischen Musiker *Peter Maffay*, *Nena* und *Jazzy* von *Tic, Tac, Toe* zur Audienz bat und der tschechische Präsident *Václav Havel* den hoch geschätzten *Frank Zappa* als Kulturberater für seine Regierung vorschlug.

>Die Unterhaltungsindustrie ist Schrittmacher der Innovation unserer Wirtschaft.«

Wolfgang Clement, Wirtschaftsminister von Nordrhein-Westfalen, im Grußwort zur »PopKomm« 1997

Pop steht heute nicht mehr für das, was *Elvis*, die *Beatles*, *Jimi Hendrix* und die *Sex Pistols* zu ihrer Zeit einmal ausgelöst haben. Der Begriff beinhaltet nicht mehr Provokation, schon gar nicht Rebellion, er ist zur inhaltsleeren Botschaft für Party und Profit geworden.

Inzwischen erscheinen Woche für Woche CD-Editionen, die uns bislang verschollen geglaubte Aufnahmesessions von den *Beach Boys*, von *Queen* oder sogar von so unbekannten Bands wie *The Chocolate Watch Band* anbieten. Seit Pop nicht mehr mit dem Aufbruch einer Generation gegen die Lahmheit und Konventionen der eigenen Eltern in Verbindung gesetzt wird, hat er sich als Museumsstück etabliert. Die Rebellen von einst werden heute als Pioniere einer Befreiung konsumiert, von der viele vorgeben, dass ihre postulierte Freiheit längst erreicht

Politiker und ihre
Lieblingssongs:

Joschka Fischer
»Highway To Hell«
von AC/DC

Edmund Stoiber
»I Want To Hold Your
Hand«
von den Beatles

Gerhard Schröder
»In The Ghetto«
von Elvis Presley

aus: Spiegel-Spezial 2/94
Pop & Politik

sei: Die Frauen halten sich für emanzipiert, die Schwulen
stehen bald am Traualtar und die Schwarzen sind im
Geschäft so begehrt, dass der schwärzeste unter ihnen,
Michael Jackson, inzwischen mehr verdient als *Phil Collins*.

Jede Gesellschaft hat die Popmusik,
die sie verdient

Pop will als dynamisches Modell immer einen Schritt
weiter als die etablierte Kultur dieser Gesellschaft sein.
Als Ästhetik, die immer wieder in Frage stellt, was zur
jeweiligen Zeit gerade ästhetische Norm ist, arbeitet
Pop den Werbeagenturen die Themen und Jugend-
Quoten in die Hand. Wer gestern noch mit dem Wort
»Motherfucker« einen Skandal auslöste, kann morgen
schon Anlass dafür sein, dass die Jeans in Thailand mit
einem anderen Schnitt hergestellt werden. Die Lohn-
arbeiter in Thailand sind allerdings die Letzten, denen
eine solche Innovation helfen könnte.

Selbst dort, wo Popkultur sich immer noch als Underground formiert und eigene, alternative Vertriebsnetze
aufbaut, lauert schon das, was viele enttäuschte Fans immer wieder als »Ausverkauf« bezeichnet haben. Keine
Szene, kein neuer Musikstil und keine noch so abgefah-
rene Mode bleibt davon verschont, den Trend von morgen abzugeben. Dieses ständige Wechselspiel von so
genanntem Ausverkauf und subkultureller Erneuerung
bringt allerdings auch eine Lebendigkeit mit sich, dank
der Pop seit seinem Bestehen niemals langweilig geworden ist. Pop erneuert sich ständig aus sich selbst heraus.
Immer dann, wenn die Trendforscher glauben, die jewei-
lige Popkultur voll und ganz erfasst zu haben, ist bereits
in irgendeinem Club in irgendeiner Stadt etwas Neues
entstanden. Auf diese Weise befindet sich Pop in perma-
nenter Veränderung und lässt sich weniger instru-
mentalisieren, als Kritiker befürchten.

Popmusik ist ihrem Wesen nach frech und trotzig, ent-
zieht sich ständig der Einteilbarkeit und Zuordnung.
Trotz dieses sehr freiheitlichen Grundelements ist die
Popmusik allerdings nicht besser oder ›weiter‹ als die

»Was ich von guter Popmusik verlange, ist zumindest Diskussionswürdigkeit und mehr noch: dich und mich glaubwürdig zu erreichen und mit Tönen und Texten im positiven Sinne aufzuregen. Das scheint weit entfernt von dem, was wir damals versucht haben. Es konnte keine Revolution werden, das wussten wir. Aber die Illusion einer Utopie gehört zum Leben.«

Alfred Hilsberg,
in: Die Beute NF 2. 1998

Gesellschaft, sondern spiegelt vielmehr gesellschaftliche Prozesse wider. Insofern steht die anklagende, aber lustbetonte Musik von *Jimi Hendrix* für die gesellschaftlichen Verhältnisse der ausgehenden sechziger Jahre, während die martialisch auftretenden *Rammstein* leider typisch für das Klima im Deutschland der Gegenwart sind. Aber auch das sollte nicht nur Anlass zum Pessimismus sein. Oft bedarf es auch einer Zeit, in der Mainstream sich verkrustet und in künstlerische Sackgassen gerät. Über solche Durststrecken sind Erneuerungen wie Punk oder Techno überhaupt erst möglich gewesen.

Ohne Popmusik wäre die zweite Jahrhunderthälfte wesentlich langweiliger, ärmer und ausdrucksloser gewesen. Keine andere Kunstform hat es verstanden, die persönlichen wie auch politischen Hoffnungen und Ängste der jeweiligen Epoche kompakt, direkt und massenwirksam zu verarbeiten. Popmusik macht nicht nur unseren Alltag reicher, sondern sie ist ein hervorragendes Kommunikationsmittel. Wir müssen uns allerdings von einigen Mythen des Pop trennen. Pop befreit nicht die Gesellschaft, höchstens unsere Ohren. Immerhin.

Pop hat alle kulturellen Bereiche durchdrungen. Seine Äußerungen reichen von bloßer Unterhaltung bis zur Kunst-Avantgarde, vom politisch linken bis zum rechten Spektrum. Gerade diese Normalität, zu der Pop geworden ist, macht es notwendig, ihn am Einzelfall immer wieder kritisch zu prüfen.

Top-Ten der Popgeschichte

Von Elvis bis zu den Beach Boys
Elvis Presley: All Time Greatest Hits (RCA 1987)
Bo Diddley: I'm A Man-Compilation (Charly 1992)
Chuck Berry: Hail! Hail! Rock'n'Roll-Compilation (Charly 1993)
The Rolling Stones: Same (London 1964)
The Beatles: Revolver (Parlaphone 1966)
Captain Beefheart: Safe As Milk (Buddah 1967)
The Doors: Strange Days (Elektra 1967)
The Who: Meaty, Beaty, Big & Bouncy-Compilation (MCA 1971)
The Fugs: First Album (ESP 1965)
The Beach Boys: Smiley Smile (Capitol 1967)

Von Woodstock bis Progressive Rock
The Beatles: White Album (EMI 1968)
Velvet Underground: White Light White Heat (Verve 1968)
The Red Crayola: God Bless The Red Crayola (International
    Artists 1968)
Faust: Same (Polydor 1971)
The Soft Machine: Third (CBS 1970)
Can: Monster Movie (United Artists 1970)
Captain Beefheart: Trout Mask Replica (Straight 1969)
Miles Davis: On The Corner (CBS 1972)
Jimi Hendrix: Electric Ladyland (Polydor 1968)
Henry Cow: Desperate Straights (Virgin 1974)

Funk und Glam
James Brown: Live At The Apollo, Vol. 1 (Polydor 1963)
Sly And The Family Stone: There's A Riot Going On (Epic 1971)
Parliament: Funkentelechy vs. The Placebo Syndrome
    (Casablanca 1977)
Funkadelic: Maggot Brain (Westbound 1971)
Curtis Mayfield: »Superfly« (Curtom 1972)
The Temptations: Anthology (Motown 1975)
T. Rex: Electric Warrior (Fly 1971)
David Bowie: Hunky Dory (RCA 1971)
Roxy Music: For Your Pleasure (Island 1973)
The New York Dolls: Same (Mercury 1973)

Punk/New Wave/Industrial
The Sex Pistols: Never Mind The Bollocks (Virgin 1977)
Wire: Chairs Missing (Harvest 1978)
Throbbing Gristle: D.O.A. (Mute 1978)
The Contortions: Buy (Infinite Zero 1979)
The Clash: Sandinista (CBS 1980)
This Heat: Same (These 1979)
Einstürzende Neubauten: Kollaps (Zickzack 1980)
Gang Of Four: Entertainment (EMI 1979)
Crass: The Feeding Of The 5000 (Crass 1978)
Pere Ubu: The Modern Dance (Mercury 1978)

Eighties: Pop/Rock/Underground

Sonic Youth: Sister (Blast First 1987)
Frankie Goes To Hollywood: Welcome To The Pleasuredome (ZTT 1984)
Trio: Same (Phonogram 1981)
Big Black: Songs About Fucking (Blast First 1987)
The Butthole Surfers: Locust Abortion Technician (Blast First 1987)
Flipper: Gone Fishing (American Recordings 1984)
The Wirtschaftswunder: Salombray (Zickzack 1981)
Fehlfarben: Monarchie und Alltag (EMI 1980)
Minutemen: Double Nickels On The Dime (SST 1984)
The Smiths: Same (WEA 1984)

Nineties: (Post-)Rock/Pop

Gastr Del Sol: Crookt, Crackt, Or Fly (Drag City 1993)
Die Goldenen Zitronen: Economy Class (Sub Up 1996)
F.S.K.: The Sound Of Music (Sub Up 1993)
Blumfeld: Ich-Maschine (What's So Funny About 1992)
Ween: Chocolate & Cheese (Flying Nun 1994)
John Zorn: Bar Kokhba (Tzadik 1996)
Jim O'Rourke: Terminal Pharmacy (Tzadik 1995)
Shellac: Terraform (Touch & Go 1998)
Tortoise & The Ex: In The Fishtank (Konkurrent 1998)
Sleater Kinney: Dig Me Out (Matador 1997)

HipHop/Electro

Public Enemy: Fear Of A Black Planet (Def Jam 1990)
De La Soul: Is Dead (Tommy Boy 1991)
Arrested Development: 3 Years, 5 Month And 2 days In The Life Of... (Chrysalis 1992)
ICE-T: Power (Sire 1988)
Underground Resistance: Sonic Destroyer (Tresor 1991)
Aphex Twin: Surfing On Sine Waves (Warp 1993)
Panasonic: Vakio (Blast First 1995)
Daft Punk: Homeworks (Virgin 1997)
Autechre: Chiastic Slide (Warp 1997)
Terre Thaemlitz: Love For Sale (Mille Plateaux 1998)

Beyond Zeit und Stil

Syd Barrett: The Madcap Laughs (Harvest 1970)
Robert Wyatt: Mid-Eighties (Rough Trade 1993)
Tim Buckley: Blue Afternoon (Straight 1970)
John Coltrane: A Love Supreme (Impulse 1964)
Tim Hardin: The Homecoming Concert (Line 1980)
Van Morrison: Astral Weeks (Warner 1968)
Townes Van Zandt: Live At The Old Quarter (Tomato 1978)
Roy Harper: Flat Baroque And Berserk (Harvest 1970)
Young Marble Giants: Collosal Youth (Rough Trade 1980)
The Fellow Travellers: Just A Visitor (Okra 1992)

Ausgewählt von Martin Büsser

Literatur und Adressen

Philip Anz/Patrick Walder: **Techno.** Verlag Ricco Bilger 1995

Dieter Baake/Klaus Farin/Jürgen Lauffer (Hg.): **Rock von Rechts II.** Milieus, Hintergründe und Materialien. GMK 1999

Anette Baldauf/Katharina Weingartner (Hg.): **Lips. Tits. Hits. Power?** Popkultur und Feminismus. Folio Verlag 1998

Karl Bruckmaier: **Soundcheck.** Die 101 wichtigsten Platten der Popgeschichte. C.H. Beck 1999

Jonathan Buckler/Mark Elligham: **Rock – The Rough Guide.** Metzler Verlag 1988

Jean-Martin Büttner: **Sänger, Songs und triebhafte Reden.** Stroemfeld Verlag 1997

Chris Cutler: **File under popular.** Verlag Michael Schwinn 1995

Diedrich Diederichsen: **Freiheit macht arm.** Das Leben nach Rock'n'Roll. Kiepenheuer & Witsch 1993

Ulrike Grooss/Markus Müller: **Make it Funky.** Crossover zwischen Musik, Pop, Avantgarde und Kunst. Oktagon Verlag 1998

Tom Holert/Mark Terkessidis: **Mainstream der Minderheiten.** Pop in der Kontrollgesellschaft. Edition ID-Archiv 1995

Harald Justin/Nils Plath: **Tonabnehmer.** Populäre Musik im Gebrauch. Daedalus Verlag 1998

Peter Kemper/Thomas Langhoff/Ulrich Sonnenschein (Hg.): **»but I like it«.** Jugendkultur und Popmusik. Reclam Verlag 1998

Gabriele Klein: **Electronic Vibration.** Pop, Kultur, Theorie. Rogner & Bernhard 1999

Greil Marcus: **Im faschistischen Badezimmer.** Punk unter Reagan, Thatcher und Kohl. Rogner & Bernhard 1994

Robert Palmer: **Rock'n'Roll.** Die Chronik einer Kulturrevolution. Hannibal Verlag 1997

SpoKK (Hg.): **Kursbuch Jugendkultur.** Bollmann Verlag 1997

Wolfgang Tilgner: **Psalmen, Pop und Punk.** Populäre Musik in den USA. Henschel Verlag 1993

David Toop: **Rap Attack.** Hannibal Verlag 1992

**Zeitschriften und Periodika,
die über aktuelle Trends hinaus berichten:**

Spex. Das Magazin für Popkultur (erscheint monatlich)
Aachener Str. 40-44, 50674 Köln

Testcard. Beiträge zur Popgeschichte (erscheint halbjährlich)
Ventil-Verlag, Augustiner Str. 18, 55116 Mainz

The Wire. Adventures In Modern Music (monatlich)
45-46 Poland Street, London W1V, 3DF / U.K.

Archiv:

Dokumentationszentrum für Popkultur
Sammlung Uwe Husslein im MusikKomm-Archiv
Popdom. Vogteistr. 12-18, 50670 Köln

Register

Programm 2000

Frühjahr
Jost Müller: **Sozialismus**
Martin Büsser: **Popmusik**
Henning Schmidt-Semisch / Frank Nolte: **Drogen**
Mark Terkessidis: **Migranten**
Katja Leyrer: **Sexualität**
Ralf Strobach: **EXPO 2000**

Herbst
Boris Gröndahl: **Hacker**
Sabine Riewenherm: **Gentechnologie**
Otto Diederichs: **Polizei**
Vanessa Redak: **Börse**
Martin Krauß: **Doping**
Thomas Seibert: **Existenzialismus**

Bildnachweise:

Umschlag (Bühne) zefa/Svenja Foto; S. 7/89 Martin Hoffmann;
S. 17/28 Günter Zint; S. 22 Stephen Shore; S. 31 Sounds 2/79;
S. 59/61 Anne Ullrich; S. 64 CBS Records; S. 77 Martin Büsser;
S. 78 Spex 7/97; Abb. S. 90–92 Oliver Schmitt

Leider konnten nicht immer die Fotografen/Rechteinhaber ermittelt
werden. In diesen Fällen sind Autor und Verlag dankbar für Hinweise.
Berechtigte Ansprüche werden im Rahmen des Üblichen abgegolten.

Die Deutsche Bibliothek – CIP-Einheitsaufnahme

Ein Titeldatensatz für diese Publikation ist bei
der Deutschen Bibliothek erhältlich

© Europäische Verlagsanstalt/Rotbuch Verlag, Hamburg 2000
Umschlag- und Reihengestaltung: +malsy, Bremen
Herstellung: Das Herstellungsbüro, Hamburg
Druck und Bindung: Fuldaer Verlagsanstalt
Alle Rechte vorbehalten
Printed in Germany
ISBN 3-434-53502-0